이태원의 『객사』 길을 가다

이태원의 『객사』 길을 가다

이정웅, 한영기, 신동환, 이대영 지음

고향 '칠곡' 지명을 따라 그리다

생각나눔

프롤로그

열 마리의 봉황(十鳳)이 날아드는 팔거천

 내가 살고 있는 칠곡은 처음에 옻칠 함지박처럼 검정빛으로 아무것도 보이지 않았다. 살아가면서 알게 되었고(生得知了), 알게 되면서 사랑하게 되었다(知得愛了). 누군가 칠곡이 어떤 곳이냐고 묻는다면, 할머니의 이야기보따리이고, 할아버지의 곰방대라고 즉답하겠다.

할머니의 이야기보따리

여름날 더위를 식히면서 할머니는 하늘의 별을 가리키시면서 '별순, 달순' 이야기를 시작으로 북두칠성은 국왕과 인간의 수명을 점지하고, 남두육성은 인간의 희로애락(喜怒哀樂)을 좌우하는 농사를 돌봐주신다는 이야기까지 듣고서 "샛별 같은 눈에 구름 같은 잠이 들었다."

이와 같은 할머니 이야기보따리가 바로 칠곡이다. 달포 전부터 이태원의 소설 『객사』에 나오는 지명을 중심으로 해설 팸플릿을 쓰고자 자료를 수집하고부터 칠곡이 바로 그리스 신화에서 '아라크네(Arachne Elf)'의 실꾸리처럼 지명들이 서로 연결되어 있음을 알았다.

첫째로 칠곡부읍지(漆谷府邑誌, 1872년 초판, 2002년 재판)에서 칠곡(漆谷)이란 지명이 "가산(架山)에 있는 칠봉산(七峰山)을 이루고 있는 골짜기에서 읍성이 생겨난 그 터전을 칠곡이라고 한다."[1] 읍내동을 중심으로 지명을 살펴보면 불교에서 안양정토(安養淨土) 혹은 서방정토(西方淨土)라는 안양동으로 들어가는 입구가 '봉황의 둥지(鳳巢)'라는 의미의 신라어 아시골(阿尸㐱), 옥녀봉 뒤엔 봉황새가 우는 산(鳴鳳山), 아시골 서편에 칠곡도호부 북편의 봉서루(鳳西樓), 봉황새가 날아드는 양지마을 달성배씨 죽와(竹窩) 배경국(裵經國)의 강학당 봉서재(鳳棲齋), 이웃 동명의 봉암리(鳳巖里)엔 봉황새가 내려앉는다는 봉암(鳳巖, 일명 부엉이바위)과 조씨 재실인 봉서재(鳳棲齋)가 있다.

사수동 한강 정구(鄭逑) 선생의 강학당 사양정사에 봉하루(鳳下樓)가 있었다. 학정동의 자연부락에 봉서(鳳栖) 마을이 있었는데, 그 마을 뒷산이 비봉산(飛鳳山)이라고 했으며[2], 그뿐만 아니라 사수동 뒷산인 사북산(泗北山)을 사양정사(泗陽精舍)

가 있을 때는 비봉산(飛鳳山)이라고도 했다. 일명 학익산(鶴翼山)이라고도 했다. 조금 멀리 가면 동화사에서는 임진왜란 당시 유정(惟政, 1544~1610) 사명대사가 승병을 지휘했던 영남치영아문(嶺南緇營牙門)이 있던 봉황이 날아드는 누각(鳳棲樓)이 있다. 바로 그 앞에 팔공산 동화사 봉황문(八公山桐華寺鳳凰門)이 있다. 이를 종합하면 7개의 산봉우리 칠봉(七峰)이 아닌 10마리의 봉황인 십수봉(十首鳳)이다. 둘째, 오늘날도 팔거천에 날아드는 텃새는 원앙새다. 철새로는 백로나 왜가리도 날아든다. 그러나 과거는 다양한 새들이 날아들었기에 지명에서 학정동(鶴亭洞)은 두루미(鶴), 팔거천의 원류인 오계산(午鷄山)은 닭, 비로실(非老室 혹은 飛鷺室)은

해오라기(白鷺), 구암동(鳩巖洞)은 비둘기, 옥녀봉 아래 말산의 북측에 있는 제비산은 제비(燕), 봉암동의 부엉이바위(鵂巖)와 부엉이 벽(梟壁), 작원(鵲院)[3]의 까치덤이(烏鵲)로 봐서도 칠곡은 바로 '새들의 천국(七鳥天國, Seven Birds; Heaven)'이다.

셋째로 오계산(五鷄山)-옥녀봉(玉女峰), 칠봉산(七峰山)-칠성단(七星壇)-칠성산(七星山), 팔거천(八莒川)-팔공산(八公山) 등을 숫자로 표시하면 오(5)-칠(7)-팔(8)이라는 천부경(天符經)에서 말하는

대길대통(大吉大通)의 수치다. 한마디로 "오해하지 말라, 칠칠맞지 못하다고 생각했다간 팔팔함에 놀랄걸."이다. "대통 운세는 3과 4가 연쇄적으로 5와 7을 만들게 된다(運三四成環五七)." 여기서 그치지 않고 "대길의 운세는 6이 더해 나가 7, 8 그리고 9를 창출하고 만다(大氣合六生七八九)."는 신고복지(神皐福地)다.

이와 같은 사실을 신증동국여지승람(新增東國輿地勝覽) 성주목(星州牧)에선 형승(形勝)을 정인지(鄭麟趾, 1397~1476)는 "산천이 특이하게 수려하다(山川秀異)."라고, 이숭인(李崇仁, 1347~1392)은 몽송루기(夢松樓記)에서 "산이 연이어 첩첩이 싸여있고, 긴 강들이 평이하게 흐르고 있다(聯壘嶂, 長川平楚)."라며, 신숙주(申叔舟, 1417~1475)는 "경상도의 한가운데에 위치하고 있으며, 그곳이 군사요충지가 되겠네(居一道之中,地在要衝)."[4]라고 표기하고 있다.

할아버지의 담배 장죽

　시골 사랑방에 계시던 할아버지는 3대 독자 소중한 손자였지만, 버릇없는 행동을 할 때는 피우시던 담배 장죽대로 머리통을 때리면서 과오를 지적하시며 다시는 그런 짓을 하지 말라고 바로잡았다. 칠곡 지역사회에서 '할아버지의 장죽대 역할'을 하던 곳이 바로 칠곡향교였다.

　『객사(客舍)』 소설에서도 '향교는 정신적 수호신'이라고 평가했다. 아무리 타락한 향교라도 "늙은 고양이라도 있으면 쥐들은 난동을 부리지 않는다." 라고 했듯이 향교는 지방관학(地方官學)으로 제자리를 지켜왔고, 풍속을 바로잡는 데(正風俗守) 책무를 다했다.

　칠곡향교는 참으로 신비하다. 밤에는 북두칠성이 바로 쏟아지는 위치, 옥녀봉이 윤리 도덕을 실천 궁행하느냐? 자칭 도덕군자 유생을 지켜보고 있다. 그뿐만 아니라 좌측 뒷산(左後山)이 제비산(燕山)이고, 그 산은 봄의 전령사 강남 제비들이 삼진날 모여 여름살이를 의논했고, 입추일(立秋日) 이국만리 강남행을 준비하는 모습을 인간에게 보여 유비무환(有備無患)과 인생에 "덕을 쌓아라. 그대 집안에는 반드시 경사가 있으니라(積善之家 必有餘慶)."라는 덕목을 마음에 심어주었다.

여기에다가 오른쪽 뒷산(右後山)으로 말산(馬山)이 버티고 있다. 말산이 지역 주민에게 말하는 바는 "삶이란 새옹지마 같다(塞翁之馬)."라는 고사에서 "달리는 말에도 채찍을 가하라(走馬加鞭)."라는 적극성을 심어주고, 삶은 "말 타고 지나가듯이(走馬看山)." 하지 말라고 해 왔다.

끝으로 자료 수합과 자문을 해주신 많은 북구문화탐방 해설사님들께 감사를 드리며, 특별히 총무 이정은 님께서 교정에 많은 시간을 내어 정성을 쏟아주심에 이 자리를 통해서 감사를 드립니다.

2023. 7.

이정우, 한영기, 신동환, 이대영 씁니다.

✎ 프롤로그_ 열 마리의 봉황(十鳳)이 날아드는 팔거천·5

제1부_ 소설 『객사』로 길라잡이

『객사』 줄거리를 A4 한 장에 요약	21
당시 화폐 단위를 오늘날 가치로 환산	28
인달이네 가족의 출생년도 등 환산	31
김현순에서 김벽순으로 개명한 뜻은?	35
격세지감을 느끼게 하는 판돌이?	38
갑진년 동학 참사의 유복자 인달	41
힘없이 얻어터지는 양반, 황보관	44
반민족(부일) 세력의 십자가를 맨 안 목수	49
전형적 친일 앞잡이 장사공의 최후	53
침략자 일본인들의 이름	56
『객사』는 이태원(작가)부터 이해가 필요	60

Contents

제2부_『객사』의 길을 가다

칠곡(팔거현) 지질과 산천 형성·75 / 가산산성(架山山城)·79 / 객사(漆谷客舍)·81 / 객사보통학교(菖城學校)·85 / 고평역(高平驛)·87 / 구수산(龜首山)·88 / 구천(龜川)·91 / 국우동(國優洞)·92 / 궁성덤(弓城亭)·93 / 남창골(南倉㐭)·95 / 내새(川西)·97 / 딩나무 골·98 / 대왕재(大王峙)·99 / 도남 수리지(道南池)·100 / 도덕산(道德山)·101 / 돌고개(石峴)·103 / 마당재(場峙)·104 / 말고개(馬峙)·105 / 말산(馬山)·106 / 보얀골(白米水里)·108 / 북창 마을(北倉里)·110 / 비로실(飛鷺室)·111 / 비각(석)거리(碑閣(石)街)·112 / 소랫골(新落㐭)·113 / 소랫골 질마고개·116 / 송림사(松林寺)·117 / 수리못(水理池)·118 / 아시골(阿尸㐭)·119 /

영봉(靈峰)·121 / 옥녀봉(玉女峰)·122 / 외내고개(外川峴)·124 / 장태실(長台室)·125 / 절골 혹은 불당골(佛堂훌)·125 / 제비산(燕山)·126 / 조피골(粟稷훌)·127 / 주자미 혹은 주잠(駐暫)·130 / 질마당(長路)·131 / 창마당(倉里)·132 / 천망대(千望臺)·133 / 청석골(靑石훌, 구들삐골·136 / 초당방(草堂房)·137 / 칠곡향교(漆谷鄕校)·138 / 칠곡(柒谷) 혹은 팔거(八莒)·142 / 판돌이네 가족의 무덤·144 / 팔거산성(八莒山城)·147 / 팔거천(八莒川)·150 / 하마비(下馬碑)·151 / 학정골(鶴亭洞)·154 / 한티재(大峴)·155 / 함지산(咸池山)·156 / 향고마(교동, 교동골, 행교골, 행교마)·159 / 행단(杏壇)·160

✎ 에필로그_ 소설에서 죽음이 말하는 건·164

참고 자료_ 지방어(방언) 풀이 · 175
참고 문헌 · 184

제1부

소설 『객사』로 길라잡이

『객사』 줄거리를 A4 한 장에 요약

　　경상북도 동학농민운동을 주도했던 최봉익(崔鳳, 최제우 동학 창시자의 집안)의 부인이자 영천지방의 양반 출신 김현순(金賢淳 → 金碧珣 개명)은 남편이 처형되자(1904 갑진년), 남편을 모시던 노비 판돌(宋判乭, 씨름판의 영웅 돌쇠)과 목숨을 보전하기 위해 영천군 신령면에서 신령재(일명 도마재)와 대왕재(대구은행연수원 앞 느티나무 고개)를 넘어 하늘 아래 첫 동내인 가산산성 남창골 울소(鳴淵)에 있는 마당재(마당처럼 넓은 고갯마루) 아래 억새 풀과 나무로 움집을 마련했다.

 신령에서 떠나오기에 앞서 서로 약속으로 벽창우(碧昌牛)처럼 억세게 살아가자면서 인간성만은 옥같이 지니며 살겠다는 의지로 벽순(碧珣)이라고 자신의 이름을 지었다. 스스로 천한 신분을 자처하며, 송판돌과 한 가족을 이룰 것을 제안했다.

 그러나 판돌이는 어림 반 푼어치도 없다며 거부했지만 벽순(碧珣)이는 그것만이 살길이라고 고집을 꺾지 않았다. 목숨을 겨우 연명하며, 숨어 지내던 그들은 칠곡향교의 고지기(庫直)로 들어갔고, 정착의 꿈을 꾸게 되었다. 그러나 벽순이의 시아버지(영천 잔반)로부터 은덕을 입어 벼슬길(밀양 부사와 관찰사)을 열었던 황보 관은 고향 칠곡으로 귀향하면서 벽순이 일가는 그 집안(황보관)과 갈등을 맞게 된다. 황보관(영천 황보씨)은 점점 몰락하는 양반

(殘班)의 권위를 지켜보고자 벽순에게 판돌을 버리고 다시 양반의 신분을 되찾도록 종용했다.

벽순이는 자신을 희생하면서 도와준 판돌이 일가를 버리는 건 사람의 도리로서 차마 못 할 짓이라며, 그의 제안을 일도양단(一刀兩斷)에 거절했다. 양반만이 사람행세를 할 수 있는 게 아니며, 양반만이 세상을 지탱하는 것은 아니라고 벽순은 생각했다.

한편, 일본 경찰력을 동원해 점차적으로 읍내 마을에서 영향력을 넓혀가던 일본인들은 천망대

(千望臺)에다가 그들의 마음에 성역인 신사(神社)를 지으려고 온갖 음모를 꾸몄다. 이에 신사건립에 반대하는 읍민들은 경성(오늘날 서울)에서 3·1 만세운동을 시작으로 반일운동을 확산시키고 있었다.

부일세력(附日勢力) 속칭 친일세력들은 일본인(칠곡소학교장 일본인 사또 교장 등)들과 결탁하여 황보관을 비롯한 유림(儒林)들을 무력화시켰고, 신사를 건립하기에 이른다. 여기에 판돌의 사위, 안 목수(안영준)를 미끼(소랫골 삼림벌채권 주겠다는 밀약)로 이용하여 신사 건립을 실행에 옮겼다. 못된 짓거리(죄)를 한다고 동민들이 판돌이네 가족을 고지기(庫直)에서 내쫓아버

린다. 수십 년 동안 허물어가던 객사(거성관)로 옮겨갔다.[5] 그곳에서 정착의 꿈은 주저앉게 되었으나, 악에 받쳐 몸뚱이로 저항해 보겠다는 발악이 생겨났다. 이렇게 객사에서 생활이 시작되었다.

이런 것 이외 연속적인 사건으로 마을에 정착하겠다는 그들의 꿈은 산산조각이 나고 말았다. 다시 겨우 연명하는 삶을 새로 시작했다. 그러던 가운데 큰딸인 영달(송판돌의 딸)이는 남편 안 목수가 일제 앞잡이로 신사를 짓는다는 동민들의 풍문에 창피스러움을 견디지 못했고, 신사 대들보에 목을 매어 목숨을 끊었다. 안 목수는 자신이 이용당하고 있음을 뒤늦게 알게 되었다. 아내의 원혼을 달래려고 천조대신의 위패 뒤에다가 그녀의 신위(神位)를 감추었다.

음모에 이용당했음을 조선총독부에 알림으로써 신사철폐의 실마리를 제공했다. 이 사실을 덮

어보고자 했던 군수와 경찰서장은 가장 먼저 벽순의 입부터 막고자 모진 고문을 다 했다. 즉 1) 자식을 순사로 채용해 주겠다. 혹은 농토를 마련을 해주겠다는 회유책에서, 2) 영달이 딸이 신사에서 죽지 않고 향교 앞 은행나무에서 목매어 죽었다고 말하기를 요구했으나, 끝내 굽히지 않고 죽는 한이 있어도 진실만을 밝히겠다는 일념이었다.

결국, 저항하는 주민들에 의해 신사는 불태워졌다. 그 과정에서 아무런 힘을 발휘하지 못한 마을의 지주이며, 지배계급이었던 황보관은 자신의 과오를 인정했다. 그리고 벽순의 딸 인달이(유복녀)를 송판돌(宋判乭)의 핏줄이라고도 의심을 했다. 처음에는 최씨의 양반 지위를 회복한 뒤에만 인달이를 며느리로 받아들이려고 했으나, 송판돌이도 벽순이도 죽고 난 뒤에는 양반 지위의 회복에 장본인들이 없기에 현실(천민의 자식)을 그대로 받아들이기로 했다.

  소설의 시간 흐름은 1904년 갑진년(甲辰年)에서 1924년 갑자년(甲子年)까지의 20년 세월의 강물에서 헤어나는 민초(民草)들의 모습을 그린 "십 년이면 산천도 변한다(十年桑田碧海)." 하는 걸 2번이 지나는 세월 변화를 묘사하고 있다. 결국은 판돌이 혈족으로 소달이, 벽순이 혈족으로는 순달이와 인달이만 남고 모두가 죽고 말았다(물론 재출판에서는 대달이와 중달이도 살았음). 갑갑(甲-甲)하게도 맨몸뚱이로 휘몰아치는 세파와 싸움에서 처참하게 모두가 쓰러지고 말았다(독자로부터 과잉하게 잔인하다는 평가를 받았기에 재출판에서는 대달과 중달이를 살렸음).

당시 화폐 단위를 오늘날 가치로 환산

　소설의 시대적 배경은 1904(갑진)년에서 1924(갑자)년간 일제강점기였다. 따라서 100년이 지난 오늘날 시점에서 화폐의 가치(크기)를 짐작하기 어렵기에 여기서 오늘날 가치로 환산할 필요가 있다. 먼저 환산 기준을 소설 내용에서 찾아보면: i)"하루 부역을 대신 해주고 받는 대역 일당은 60전으로 한 달 25일을 쳐도 15원으로 쌀 반 섬(5말)에 지나지 않았다(객사, 상권, 152면, 1994, 길출판사).", 그리고 ii) "안영준이 신씨 집안 초상집(喪家)에 부조금 5원을 했다. 당시 평균 50전이 고작인데(하권, 174면)."를 환산 잣대로 할 수 있다.

여기서 화폐가치변동을 가장 잘 반영한 것으로 부조금을 기준으로 하면, 50전을 오늘날 일반적 부조금 50,000원에 비교하면 10만 배가량 화폐 가치가 떨어졌다. 물론 품삯을 기준으로 환산해도 일당 60전은 오늘날 최저가 60,000원을 쳐도 10만 배나 액면가가 하락(下落)되었다. 안 목수 안영준 씨가 당시 군수로부터 함구합의금(緘口合意金)으로 받았던 3,000원은 오늘날 화폐가치로 환산(換算)하면 3,000원×100,000배=3억 원 정도의 거액이다.

이 돈을 송판돌이의 막내아들 소달이가 방바닥 밑에다가 숨겨놓은 걸 훔쳐 도주했다. 아버지 송판돌이 그리고 어머니 김벽순이가 죽었다는 소식

을 접했을 것이고 장례에 참석할 법한데도 그림자
조차 나타내지 않았다.

인달이네 가족의 출생년도 등 환산

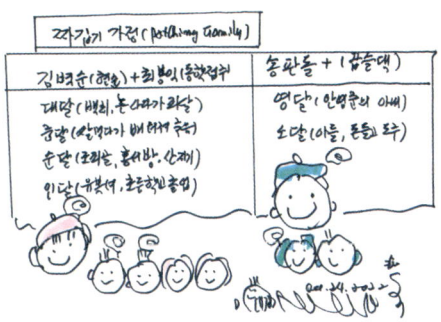

 오늘날 우리의 주변에서도 국제 결혼 혹은 결혼이민(結婚移民)으로 '다문화가정(multicultural family)' 혹은 '무지개 가정(rainbow family)'을 흔히 볼 수 있으나, 1904년 일제강점기에서는 하인 출신 송판

돌이네 가족 3명과 상전 출신 김현순(김벽순으로 개명)이네 가족이 5명이 합쳐 8명의 '짜깁기 가정(patching family)'을 이룬다는 것은 가부장적 사회(家父長的 社會)에서는 도저히 허용되지 않았으며, 이해하기도 참으로 어려웠다.

사실 한민족은 B.C. 232년 해모수(解慕漱)가 대부여(大夫餘) 건국과 동시에 태아의 생명권과 교육권을 인정하는 '공양태모법(公養胎母法)'을 실시해 뱃속 1년을 한 살로 인정했다. 이로 인해서 오늘날까지 서양 나이와 1~2살 차이가 나게 되어 있었다. 이를 금년 2023년부터 바로잡겠다고 만연령(萬齡)을 도입했다.

먼저, 연령계산에 잣대가 될 표현을 뽑으면, i) "영천 땅을 떠나던 그때 판돌이 갓 쉰 살이었다. 벽순이보다 스물두 살 손위였다(상권, 26면).", ii) "새해 기미년을 맞이하고 있으니 인달(仁達)이는 이재 열일곱 살로 어른 속에 끼고도. 황보용(皇甫)은 이제 스물셋이었다(상권, 137면).", 그리고 iii) "(1924년 일본 경부에게 판돌이가 취조당하면서) 송판돌이지? 나이는 예순여덟이고, 직업은 향교 고지기(상권, 179면) …."라는 표현이 있었다.

이를 기준으로 갑진(1904)년 최봉익(崔鳳翼)이 참사당하는 사건을 계기로 송판돌이네 가족과 김벽순이네 가족이 봉합되는데 당시 김벽순은 스물여덟 살(만27세)로 1877년생이고, 송판돌은 22살 위로 1855년생이다. 다음 해 정월에 유복녀로 태어난 송인달은 1905년생이고, 그 위로 2살 터울이기에 역순으로 환산하면 송순달 1902년생, 소달 1900년 … 등을 도시하면 다음 표와 같다.

(초판 기준) 가족 출생년도와 사망연령 도표

가족명	출생(사망)년도	비고
송판돌	1855(68세)	• 최봉익(양반) 머슴 • 취조 득병, 칼로 자결
김벽순	1877(47세)	• (최봉익 사후) 판돌의 아내 • 취조 후유증 팔거천 익사
송영달	1894(29세)	• 판돌과 곱슬 댁의 딸 • 신사 대들보 목 매 죽음
송대달	1896(28세)	• 벽순의 맏아들(백치) • 가게 운영, 과부와 재혼 • 농지 매입 지주에게 피살
송중달	1898(26세)	• 벽순의 둘째 아들 • 장사공 머슴 • 생쌀로 배 터져 죽음
송소달	1900	• 판돌과 곱슬댁 아들 • 조합 급사, 3,000원 도주
송순달	1902	• 벽순이 셋째 딸 • 홍서방 아내, 야반도주
송인달	1905. 1. 28.	• 최봉익의 유복녀 • 초등학교 졸업 • 황보관과 화해

김현순에서 김벽순으로 개명한 뜻은?

 이태원(李台元, 1942~2009)[6] 작가가 동아일보 50주년 기념 현상공모 소설 부문에서 당선된 소설 『객사(客舍)』에서 주인공은 김벽순으로, '금쪽같이 소중한 푸른 옥구슬(金碧珣)'이라는 의미답게 푸른 빛을 하나도 잃지 않고 이름값을 했다.

 김춘수는 「꽃」이란 시에서 "꽃이라 불려주었을 때 꽃이 되어 내게로 왔다." 이태원 작가는 최봉익의 부인 김현순(金賢淳, 1877년생)을 송판돌이의 아내 김벽순이라고 개명축복(改名祝福)을 내렸다. 성서에 야곱을 이스라엘, 시몬을 베드로로 개명 축복했듯이 이름을 고쳐서 축복을 내림을 작가는 사용했다.

김벽순 이렇게 이름을 지음에는 i) 평안북도 벽동(碧潼)과 창성(昌城)의 황소처럼 뚜렷한 주관으로 '꺾일지언정 굽히지는 않는(寧折不屈)' 맨몸으로 거친 세파에도 이겨나가기를 기원하며 언령관념(言靈觀念)을 그녀의 삶에 심어 주었다.

"아녀자의 좁은 소견인진 모르겠지만도 이 가슴 속에는 사람이 곧 하늘이라는 인내천(人乃天)도, 아국운수(我國運數)를 보전한다카는 보국안민(輔國安民)도, 낡은 세상이 무너지고 새 세상을 열라카는 후천개벽(後天開闢)도 없심더(상권, 29면)…."라는 말은 아내 김현순이 남편 최봉익에게 항거하며, 가정을 지켜달라는 마지막 애원이었다.

작가의 의도대로 그녀는 벽창우(碧昌牛)처럼 아무리 거센 세파에도 조금도 굽히지 않았으며, 신분상 가장 밑바닥에서 가진 것 하나 없이 맨몸뚱이 하나로 살다가 앞 못 보는 눈으로 자식들 이름을 외치면서 팔거천을 헤매다가 익사 당했다. 시신은 금호강 입구와 팔거천 하류 밤섬(밤숲)에서 찾아 황보씨 문중 산 공동묘지에 모셔졌.

"당신은 험난한 세상을 살면서도 원 없이 살았심더(하권, 310면)." 이어 "가진 것 없이 맨몸으로 그 몸을 받쳐가면서 산다는 거…", 그리고 "우리들 유생들은 인달 모녀, 아이지 객사의 인달네의 한 팔의 심(힘)이 못 되었구마는. 못난 유생들이 무신 딴말이 있겠노."라고 자신이 양반이라는 데 한없이 한심함을 느꼈다(하권, 312면).

격세지감을 느끼게 하는 판돌이?

 김벽순의 남편 송판돌이는 스물두 살 위로 이름도 성도 없는 하인으로 최봉익의 가족을 돌봐왔던 남정네였다. 그래서 어린아이들은 아버지로 여기고 있었다. '씨름판을 휩쓸며 영웅처럼 우승하는 돌쇠'라는 의미에서 판돌이(game changer)라고 불렸다.

 오늘날 우리들은 유성기 LP판을 돌리는 사람을 '판돌이'이라고 하며, 영어로 디스크 자키(disk

jockey)[7] 혹은 줄여서 디제이(DJ)라고 한다. 농담으로 최후 판돌이는 김대중(DJ) 대통령이라고도 한다. 같은 맥락에서 공돌이(순이), 빵돌이(순이), 장똘뱅이 등이 있다. 천인들에겐 이름이 없어 돌쇠, 마당쇠, 똥개, 수캐 등으로 양반들이 편리한 대로 불렀다. 벽순이는 판돌이네 가정과 통합을 디자인하면서 남편의 성명을 송판돌(宋板乭, 1855년생)이라고 창씨개명(創氏改名)을 동시에 했다. '의리의 사나이 돌쇠'답게 억울함을 참지 못하고 칼로 자신의 목을 베고 배를 가르는 자결로 삶을 마감해 이름값을 했다.

"이 아이들은 오래전부터 자네를 애비로 알고 있었네…. 그런데 자네 자식들도 나를 산 너머 어미로 알고 있으니 난 그렇게 대하겠네(상권, 32면)."라고 김벽순은 송판돌과 '무지개 가정(rainbow family)'을 꾸미며, 억센 세파를 극복하면서 살아가

자고 설득했고, 먹혀들었다.

"오랫동안 행고마(향교마을의 준말)의 고지기로 묶여 있으면서 우리네의 샘물을 같이 마시며 살아왔던 서씨(徐氏)네 일족이 그 가족 구성이나 삶의 모습 그리고 인격의 성격이 … 우리네와 한 가족처럼 지냈다. 병신에 등신인 큰아들은 사뭇 우리네들에게 더부살이를 해왔고, 둘째 셋째 아들은 중(中) 머슴살이를 오래 하였다(상권, 341면)."라고 판돌이 가족의 모델을 향교 고지기(庫直)를 했던 이웃에서 구성모델(plot model)을 이태원은 찾았다.

갑진년 동학 참사의 유복자 인달

　최제우(崔濟愚, 1824~1864) 동학 교주가 1864년 음력 3월 10일 경상감영(대구) 아미산 관덕정(觀德亭, 속칭 壯臺)에서 참수형(斬首刑)을 당했다. 그의 머리는 3일간 영남제일문(오늘날 약령시장)에 매달리고(梟首) 난 뒤에 비로소 아들과 부인에게 인계되었다. 1864년 청일전쟁을 계기로 대구 달성에는 일본 제국군 제14연대가 주둔하면서 그들은 조선의 의병과 동학교도를 소탕했다.

"양반의 씨앗 됨이 새삼 수치스럽구려. 상민들의 심(힘)으로 아무것도 못 이루기에 양반의 씨앗인 내가 나서는 기요(상권, 29면)."라고 최봉익이 마지막으로 김현순(아내)에게 남긴 유언과 설득하는 말이었다.

1904년 경주와 영천에서 동학농민운동을 전개해왔던 최봉익(崔鳳翼)은 일본군 토벌대에 체포되어 경상감영으로 압송되었다. 장대(將臺)에 이슬로 사라지기 바로 전날 밤에 아내 김현순과 면담의 기회를 얻었다. "최봉익이 체포되어 대구의 장대(將臺)에서 처형당할 때 뻐꾸기 소리도 한물 지나간 늦은 여름이었으며, 그를 마지막으로 모실 때는 소쩍새 울음소리도 처량하게 울다 간 초봄의 그믐밤이었다. 그때 그 밤에 생긴 인달이다. 벌써 열여섯의 나이로 컸다(상권, 325).", "그해 늦겨울 눈이 키 높이로 쌓인 정월 스무여드레 날 인달(仁達)

이 태어났다. 최봉익의 유복녀(遺腹女)였다(상권, 34면)." 따라서 인달 아가씨의 생일(生日)은 1905(乙巳)년 1월 28일생이다.

힘없이 얻어터지는 양반, 황보관

최봉익(崔鳳翼)을 영천 출신으로 장소적 배경을 상정함에는 영천(永川) 황보(皇甫)씨를 시대적 잔반(殘班)으로 하고자 함에서 황보관(皇甫冠)이란 가공인물이 탄생하게 되었다. 여기서 잔반(殘班)이란 따끈하고 맛있게 먹을 수 있는 쌀밥(米飯)에 비해 차갑고 맛도 없어 천대받는 잔반(殘飯)에 비유해 힘도 없으면서 푸대접을 받는 양반인 잔반(殘班)을 영천 황보씨에서 찾았다. 물론 소설에서는 잔반이 아닌 황보관은 밀양 부사와 관찰사를 역임한 양반으로 묘사되었다.

왜냐하면, 조선 세조 때 계유정난(癸酉靖難, 1453)으로 인해 충정공(忠定公) 황보인(皇甫仁)이 멸족재앙을 입게 되었다. 당면한 멸문지화에 둘째 아들 황보흠(皇甫欽)의 어린 아들(皇甫端)을 노비의 등에 업혀 경북 장기(長鬐)로 피신해 살았다. 이후 100년(3세)이 지난 뒤 황보덕(皇甫德)은 1554(명조9)년에 다시 영천으로 옮겨 신녕(新寧)과 경계인 별곡(別谷, 오늘날 영천시 화남면 구전리)에 숨어 살았다.

이와 같은 황보 성씨의 상흔(傷痕)을 안고 있었기에 동병상련(同病相憐)의 아픔을 동정할 인물로 대두시켰다. 영천 지역에서 세력가였던 최봉익(혹은 김벽순)의 가문에 후원을 자연적으로 업었다. "한 때 관찰사 직위까지 올랐던 관직을 끝으로 사십여 년의 관직 생활을 청산한 지 십 년이 넘는 황보관이다. 을사(乙巳, 1905)년에 퇴직해서 경기도 광주의 작은댁(小室) 친정에서 묻혔다가 경술(庚戌, 1910)년 가을 늦게 향리인 칠곡읍으로 돌아와 학정골(鶴亭里) 문중마을에 자리를 잡은 뒤 유림회(儒林會)와 향교를 이끌어 왔던 그였다(상권, 13면)."

향교를 중심으로 선비의 고고함과 오상고절에 걸맞게 학정마을(鶴亭洞)에 거주하고 있었으며, "학정동 일대는 백의 차림의 유림(儒林)들로 붐비고 있었다(상권, 228면)."라고. 선비의 기질을 학처럼 고고함을 소설에서 묘사했다. 삼국지에 제갈공명이 적벽대전에 동남풍을 빌고자 남병산에

올라갈 때 입었던 학창의(鶴氅衣)를 연상하게 하였으며, 요한계시록에서 '승리자의 흰옷'을 의미하게 했다.

그러나 상천(常賤, 평민과 천인) 입장에서는 "그들이 경부선 철길을 성주(星州) 땅을 피해 왜관으로 뚫는 거는 그곳 토착세력들인 유림들을 자극하지 않고자 했던 배려가 아니겠습니까? 그런데 칠곡 읍내에서는 우째서 머리 꼭대기를 내려찍으라 캅니꺼예(상권, 118~119면)?"라고 신사를 짓는 데 양반이라고 행세하면서 말 한마디 못 하느냐고 어린 인달이 달려드는데도 잔반(殘班)들은 묵묵부답이었다.

그뿐만 아니라, "그거는 독선입니다. 행교읍(향교 읍내)의 어른이 그 때문에 두 쪼가리가 안 났십니꺼. 그래서 입 한 분 뻥긋 못 해보고 천망대를 뺏기지 안 했십니꺼. 무신 염치로 웃어린 웃어린

해쌈니커예. 웃어른은 다 말라 죽었십니꺼(하, 297면)?"라고 상천의 입을 대신한 인달 아가씨가 악평을 퍼부어댔는데도 일언반구도 입조차 떼지 못했다.

끝내 황보 관은 "아매도 칠곡 읍내의 꽃이 되고 행교의 수호신이 될 겁니더. 고맙시더(하권, 311면)."라고 벽순이 무덤에까지 찾아가 감사를 했다. 선비의 양심으로 "우리 유생들은 인달 모녀, 아이지 객사의 인달네의 한 팔의 심이 못 되었구마는 못난 유생들이 무신 딴말이 있겠노(하권, 312)."라고 무기력했음을 실토하고 말았다.

반민족(부일) 세력의 십자가를 맨 안 목수

 일반적 상식으로 목수(大木長)라고 하면 "두 번 자로 재고, 두 번 먹줄을 튕기고 난 뒤에 톱을 들고 자른다." 신중한 사람으로 인식하고 있다. 또한 궁궐이나 사찰을 설계도 한 장 없이 머릿속에서 디자인하기에 자신의 삶도 신중하게 살아간다. 예수 그리스도의 아버지 요셉이 목수였고, 예수 또한 아버지로부터 목수 수업을 받았다.

 소설 『객사』에서 목수 안영준(安榮準)에게 반민

족적 친일 세력의 앞잡이로 설정한 이유는 예수처럼 반사회적 혹은 반민족이라는 '보이지 않는 십자가(invisible cross)'를 짊어지게 하고자 함이다.

그래서 그는 구천(龜川, 거북 개울)에 살았지만, 그의 삶에는 '구천(九泉)' 혹은 '황천(黃泉)'이라는 굴레를 벗어나지 못했다. 무엇보다도 i) 처갓집 공구(食口, 경상도 사투리)로부터 친일 앞잡이라는 공격과 눈총을 받아왔으며, ii) 지역사회 반일세력으로부터 폭행도 당했고, 심지어 방화로 소중한 자식 2명을 불에 타죽게 했다. iii) 지역사회의 비난과 자책감에서 아내 송영달은 안 목수가 친일 앞잡이로 추진했던 신사건립을 막아서고자 신사 대들보에 목매어 자결했다. iv) 신사건립을 해주면 대가로 제공하겠다는 소랫골(신락골 혹은 새락골) 채벌권을 주겠다는 언약은 미끼였다는 사실을 깨달았고, v) 입을 다물겠다는 조건으로 3,000원을 받고 야반도주하고 말았다.

그러나 한민족의 피와 얼이 흐르는 안영준은 그냥 물러설 좀생이는 아니었다. 경성(京城, 오늘날 서울) 조선총독부에다가 사실을 알리면서 칠곡경찰서 경부 나카무라(中村)에게 편지를 썼다. "나까무라(中村)상 보시게, 나 안준규(安準奎)가 네놈들의 농간에 그냥 물러설 줄 알았는가? 이 안준규가 네놈들의 앞잡이가 되어 행교와 읍내를 팔아먹은 놈으로 알았던가? 천만의 말씀이다. 이 안준규는 백

번 죽었다 깨나도 조선 사람이며, 열 번 죽었다가 깨나도 네놈들 한데 안 속는다. 내 아내가 행교에 목을 매달아 죽어? 어림없는 소리 말아라. 왜 행단(杏壇)에 목을 매달아, 신사에 아마테라스인지 뭔지 모신 데서 목을 달아죽었다. 놀라지 말라. 또 있다. 내 아내의 혼백을 아마테라스 위패 뒤에 모셔두었으니 네놈들을 비롯한 수많은 일본 놈들의 신사참배는 내 아내 송영달이한테 한 셈이다⋯. 안준규가 경성을 지나며(하권, 196면)."

여기서 학정동 어른들에게 자기를 소개할 때는 '안영준(安榮準)'이라고 했으나, 일본인 경부 나카무라(中村)에게 보낸 편지에 '안준규(安準奎)'로 적은 이유는 보통학교 교장 '사토 에이후(佐藤永乎)'와 사사건건 싸움을 했던 '강준규(姜準奎)'의 이름 준규와 자신의 성으로 짜깁기한 가공인물로 만든 데엔 수사와 처리에 혼선지연을 초래하도록 했다.

전형적 친일 앞잡이 장사공의 최후

 장사공(張士公)은 '장차(將) 죽여야(死) 할 공적(共賊)'이란 뜻을 함축하고 있다. 소설 『객사』에서 나온 구절을 살펴보면 "장사공은 마른 입술을 축이며 인달이를 내려본다. 그 모양이 흡사 먹이를 엿보는 뱀의 혓바닥 모양 소름 끼치게 만들었다(상권, 86면).", "장사공은 그 모습이 탐스러워 죽겠다며 덥석 켜 안을 열기로 그녀를 내려본다. 장사공은 소문난 그대로 좀체 인달이를 놓아 주려 하지 않았다. 이런 끈덕지고 위압적인 수작에 말려 몸을 망친 여인이 숱하게 많았다는 소문은 자주 들어 왔다(상권, 86면).”

"그의 앞을 가로막는 장사공이 그의 팔을 낚아채면서 눈알을 부라렸다. 장사공의 바지를 잡고 늘어지면서 벽순이 애걸했다…. 판돌이 경찰서 안으로 연행해 가버렸다(상권, 108면).”, “판돌이는 장사공이 턱없이 도와주겠다는데 반가움은커녕 두려움이 앞섰다. 다른 때 같으면 사사로운 싸움 같은데 연루되었을 때 통사정을 해도, 기어이 끝장을 보겠다고 덤비는 위인이(상권, 188면).”, “당직 순사가 장사공을 맞아 꾸벅 절을 했다. 방 안은 캄캄했다. 유치장 뒤의 으슥한 곳에 박힌 흙벽으로 된 방이었다…. 장사공이 나타났다. 판돌이 적이 놀라 몸을 일으켰다. 씩씩거리는 숨소리가 소름이 끼치게끔 귓전을 울렸다…. 이봐 판돌이, 죽고 싶다 이거지? 단적으로 말해라(상권 263면)."

"장사공이 잔뜩 경계하며 그를 맞았다…. 앙숙을 만났을 때처럼…. 계집애의 옷매무시를 여미기에 정신이 없다. 겉옷부터 먼저 주워 몸을 가리고 속옷을 들고 있다(하권, 156면).", "장가 그놈을 안 직였다가는 처가 식구들 죽는구메이. 그리고 신사를 없애야 하는구만(하권, 183면).", "장사공이 시, 신사에 목을 매달아서 …. (하권, 192면)", "사흘 만에 장사공의 죽음에 따른 수사 경위 결과가 나왔다. 그는 그냥 자정 무렵 술에 취한 채 앵비집을 나와 집으로 돌아간다며 비각거리를 어정거렸다(하권, 194면)."

침략자 일본인들의 이름

사토 에이후(佐藤永孚)

일본인의 성씨로는 '사토(佐藤)'는 30~40만 개 성씨 가운데 197만 명의 1위 성씨다. 우리말로 김이박(金李朴)에 해당한다. 따라서 임시보통학교를 건립한 교장으로 장삼이사(張三四)를 의미한다. 그는 동경재국대학(赤門) 출신으로 다른 일본인들 사이에서도 교육가라는 자존심을 가졌다. "향교림을 학교의 실습림으로 받고 (그 목적에) 간데없고 신사만을 들어서려는 지금(상권, 249면)", "손수 하는 일도 완전한 확신을 걸기가 어려운데 남을 꼭 믿는다는 것 어렵지 않을까(상권, 251면)?", "우리가 두려워할 존재를 내 손으로 발굴했다가 키워주지도 않고 짓밟아버린 죄책감에 자기학대를 할 것(상권, 253면)" 혹은 "지성의 수난은 어차피 패배감을 안고 받아야 해. 어떤 변명도 도피도 소용없어(상권, 253면)."라는 말을 봐선 황국신민(皇國臣民)의 사상에 철저했다.

나카무라 가이치(中村義一)

칠곡경찰서 서장(警部)으로 일본에서 낭인(조직폭력배) 행세하다가 조선에서 나와서 힘쓰고 있었다. 장사공(張士公)이란 앞잡이를 이용하고 있다. 장사공의 작은댁이 앵비집(고급 술집)을 하고 있어 악어와 악어새의 동조는 철저했다.

스즈끼 분지(鈴木文治)

칠곡군의 군수로 역임했으며, 일본에 있는 그의 아버지는 화장터 화부라는 천민 출신이었으나, 조선에 나와서 힘주고 지배국가의 국민으로 피식민지국을 다스렸다.

가마 모토(釜本)

"그런 일본인들은 비단 원두막집 가마 모토(釜本)뿐만 아니라 20명이 넘었다(상 289)." 일명 '과수원 땅딸보'이며, 그는 비열한 방법으로 농지 등을 낚아채면서 치부했기에 전형적인 식민지 국민의 착취하는 일본인의 전형(典型)이었다. 인달이가 자주 과수원에 일했던 곳의 주인이었다.

후쿠자와 유키치(福澤諭吉)

대달이가 사고자 하는 과수원을 헐값에 삼키려

고 하는 일본인이다. 대달이에게 사냥개를 풀어서 물어뜯게 하고 몽둥이를 휘둘러 죽게 한 뒤에 거적때기로 말아 팔거천 장마 빗물에 떠내려가게 한 일본인이다.[8] "일본인이 바로 그 옆에 과수원을 경작하기 위해 제방을 만들었으면서 약간의 문제가 일어났다(하, 282면)."

『객사』는 이태원(작가)부터 이해가 필요

예술작품을 이해하는 데는 내용에만 매달려서도 완전한 이해가 어렵고, 적어도 작가의 사상(思想) 혹은 사고방식(思考方式)은 물론이고, 과거에 읽었던 애독서까지 살펴봐야 비로소 작가가 쓴 작품의 깊이, 숨은 의미 그리고 인간적 풍모까지를 느낄 수 있다. 작품이란 작가에겐 인품의 편린(片鱗)이고, 사고의 파편(破片)이다(A literary work is a fragment of the artist's personality and a fragment of his thoughts).

 마치 "매화나무가 뼛속까지 파고드는 추위를 겪지 않고서는 어찌 코를 찌르는 매화의 향기를 풍길 수 있겠는가(不是一番寒徹骨, 爭得梅花撲鼻香)?"[9] 같은 맥락으로 유교 경전 '맹자(孟子)'에 하늘은 어떤 사람에게도 대임을 맡기기 전에 반드시 역경과 시련으로 단련시킨다는 천강대임론(天降大任論)을 언급하고 있다.

 하늘이 큰 인물을 만들기 위해서 단련시키기 위해 주는 시련은 i) 정신을 고통스럽게 함(苦其心之), ii) 육체적 고달픔(勞其筋骨)을, iii) 굶주림의 고통(餓其體膚)과, iv) 딱한 처지로 몰아넣음(空乏其身), 그리고 v) 일하는 쪽쪽 거듭 실패(亂其所爲)를 안겨다 준다.[10] 천 번이고 만 번이고 망치를 맞아가면서 단련된 칼이 명검(名劍)이 되듯이 초인적인 능력을 갖게 한다.

　작가란 작품을 통해 변혁대상을 i) 작게는 지역사회(community) 및 지역주민을 대상으로 하나, ii) 나아가서 국가 혹은 민족을 대상으로, iii) 크게 나아가서는 지구촌과 인류를 대상으로 한다. 초래하는 변혁은 낮은 단계에서는 i) 계몽(啓蒙, enlightenment)에서 시작하여 중간단계의 ii) 개심(開心, mind-changing)을, 국가(민족)와 지구촌을 향해서 iii) 개안(開眼, eye-opening))과 iv) 개벽(開闢,New

World's Beginning) 혹은 개세(開世, New World Opening)를 불러온다. 대부분의 노벨문학상 수상자들은 적어도 민족과 지구촌을 대상으로 개안(eye-opening)과 개세(new world's opening)를 초래하게 한다.

　소설 『객사(客舍)』 작가 이태원(李台元, 1942~2008)은 오늘날 대구광역시 북구 읍내동이나 당시는 경상북도 칠곡군 칠곡면 읍내동으로 향교가 있다고 일명 향교마을(향교마 혹은 행교마), 한자명으로는 교동(校洞)이라고 했다. 속칭 선비마을 혹은 반촌(班村), 문향(文鄕)이다. 경주 이씨(慶州 李氏)로 아버지는 이재완[11]과 어머니 김복쇠 여사 사이에 7남매 가운데 장남으로 태어났다.[12] 학교생활은 칠곡초등학교 42회, 경북중학교 42회, 경북고등학교 42회 졸업생이었다. 그의 학교생활은 학업엔 1~2등을 한 번도 남에게 놓치지 않았다. 책에 대해 간

서치(看書痴) 혹은 현대적 표현으로는 독서광(讀書狂, bookworm)이다. 한마디로 1973년도 상영되었던 「하버드의 공부벌레들(The Paper Chase)」을 연상케 할 정도로 배움에는 열성적이었다.

특히 경북고등학교(慶北高等學校)는 한강 이남에서 최고 명문교답게 교과서에 나오는 소설 혹은 어떤 책이라도 내용 요약은 물론이고, 꼭 원본을 사서 읽는 학습풍조(學習風潮)가 있었다. 방학숙제로 독어『황태자의 첫사랑(Alt Heidelberg)』, 영어『마지막 잎새(The Last Leaf)』를 번역해 오도록 했다. 대부분 재학생들은 필독서 100권 목록(Must-Read 100 Books List)을 넘겨야 비로소 대화 기본이 된다고 생각했다. 문고판『러브 스토리(Lover Story)』혹은『대지(The Good Earth)』등의 영어 소설은 한 권씩 들고 다니면서 짬짬이 읽었다. 특히 이태원 작가는『바람과 함께 사라지다(Gone with the Wind)』를 몇 번이나 읽었다. 그래서 그런지 집필기법(執筆技法)이 마가렛 미첼을 닮아있다.

  소설 『객사(客舍)』를 몇 번이고 읽어보면 표현된 문장 밑바닥에 깔린 생각들을 '지식구조(structure of knowledge)'라고 하는데, 지식구조를 더듬어 보면, 작가가 읽었던 책을 추계하면 3,000여 권을 훨씬 초월했다. 맹자를 비롯한 사서오경, 성경에서는 특히 요한계시록, 정한론(西勢東漸), 프랑스 혁명사, 전쟁과 평화, 인구론, 삼국사기 및 황보씨 족보 등을 읽었다는 사실은 묘사로 드러나고 있다.

  아버지가 전매청에 다니기에 안정된 경제적 기반에서 학업에만 열중할 수 있었으나 i) 퇴직 이후 서민 금융의 회오리바람이 불자 서민무진(庶民無盡)에 탕진하는 바람에 가세는 기울어졌고, ii) 대학 진학을 포기하고 입대를 했다. iii) 재대 후 호구지책(糊口之策)을 위해서 장돌뱅이 생활과 건설

현장 잡부로, iv) 공장 근로자(공돌이) 생활을 했으나 마지막 가슴 속에 꿈틀거리는 작가의 길을 포기할 수 없었다. 이런 작가수업 혹은 인생수업(人生修業)이 작가로 성장하는 자양분이 되었다. 바로 "상처받은 조개가 진주 알을 낳는다(Wounded clams lay pearl eggs)."라는 에머슨(Ralph Waldo Emerson, 1803~1882)의 시 구절처럼 작가의 평형수(writer's balance water) 혹은 바닥짐(bottom load)이 되었다.

1697년 존 드라이든(John Dryden)가 쓴 『알렉산더의 만찬(Alexander's Feast)』에 "용감한 자만이 미녀를 차지한다(None but the brave deserve the fair)."라는 표현처럼 이태원은 칠전팔기(七顚八起)가 아니라 25번이나 소설, 시, 시나리오 등으로 현상공모에 도전했으나 실패하고 말았음에도 겁내지 않았다. 1970년 동아일보 창립 50주년 현상공모에 소설 『객사(客舍)』로 도전하여 당선되었다. 응모 당시 "시

험지 위의 초고 3,600여 장(B5용지), 원고지에 정서 2,800여 장으로 응모하여 당선되었던 객사 ⋯. (상권, 342면)"

이어 동아일보, 남들은 한 번도 얻기 어려운 금싸라기와 같은 기회를 동아일보, 매일신문 등 8번이나 연재소설을 쓰는 영광을 얻었다. 그러함에도 "어떤 작품도 완결을 짓지 못한 채 도중에 그치거나 황급히 줄여 대강 마무리를 지었다. 악연치고 참으로 고약한 악연이었다(상권, 342면, 1994)."

행운의 미소는 1979년 3월 1일 국립극단 60주년 기념 연극으로『객사(客舍)』를 각색하여 서울, 부산, 대구 등 대도시에 순회공연을 했다. 금상첨화로 1983년 KBS 텔레비전에 3·1절 특집으로 드라마『객사』방영을 신호탄으로, MBC 텔레비전에선 광복특집으로, TBC 텔레비전에서도 광복 특집을 연쇄적으로 상영되어 왕성한 문운(文運)에 모두

로부터 부러움을 사게 되었다.

그는 노동현장문제를 소재했던 노동작가에서 민족문화 작가로 거듭났으며, 1975년 인권탄압을 기점으로 항거하는 자유실천 문인협회에 가입으로 고은, 이호철, 박태순, 황석영 등의 민주화 활동에도 참여했다. 1978년 대구매일신문의 대하소설 『개국(開國)』 연재를 계기로, 1980년 대하소설 『낙동강(東江)』으로 역사 흐름에 발을 담그게 되었다.

문학가 모임으로는 한국문인협회, 국제펜클럽협회, 소설가협회 및 민족문학작가회의 회원을 역임했다. 작품으로는 등단작 『객사(客舍)』, 『개국』, 『낙동강』, 『우리들의 봄 춘자』, 『우리들의 죽음』, 『초야』, 『향가』, 『가로등』, 『0의 행진』, 『유야무야』, 『단양 아리랑』, 『밤길』, 『졸고 있는 말』, 『꿈꾸는 버러지들(민문고, 1992)』, 『사명』 등 30여 편을 썼다. 이렇게 주옥같은 작품을 내놓고 폐암으로 2009년

윤 3월 8일 67세의 삶을 마감하고 오늘날까지 하늘에서 땅을 비취는 문성(文星)이 되어 있다.

위 작품 가운데 『꿈꾸는 버러지들』은 단편소설의 제목이기도 하나 장편소설 『0의 행진』의 제1장(chapter)의 제목으로도 사용했다. 단편소설 『하늘이여 땅이여』 작품을 열람 및 검색을 해봤으나 찾지 못했다. 단지 1997년 시인 김석의 『하늘이여, 땅이여(백두산기행)』와 1998년 김진명 작가의 『하늘이여 땅이여(해냄출판사)』 소설과 『백은실의 새벽-하늘이여 땅이여』 음악 앨범이 있다.

2002년 10월 31일자로 『객사』를 영림카디널 출판사와 재출판하면서 소설 내용을 수정·보완했다. 전체 줄거리는 대동소이하나, 지엽적으로 변동된 건 i) 송판돌의 맏사위는 안 목수(안영준)에서 허 목수(許 木手)로 교체했고, ii) 안 목수가 경성으로 야반도주했으나 개정판에서는 허 목수가 향교 은

행나무를 베다가 중병(重病)을 얻어 죽게 된다. iii) 대달(큰달)은 팔거천 빗물에 행방불명되어 시신으로 발견되었으나 개정판에서는 살아남았고, iv) 중달이가 생쌀을 먹다가 배가 터져서 죽었으나 개정판에서는 살아남았고, v) 순달이가 야반도주했으나 식모살이를 하다가 돌아와서 인달이와 같이 행상인(行商人)으로 고쳤다. vi) 중달(가운데 달)이와 소달(작은 달)이는 향교마에서 살다가 작은 아시골 안쪽 공동묘지에 사토(흙과 잔디)를 공급하는 사토장(莎土匠)로 생계를 유지했다.

제2부

『객사』의 길을 가다

칠곡(팔거현) 지질과 산천 형성

먼저 소설의 장소적 배경이 되었던, 칠곡(漆谷)은 오늘날 칠곡군이 아니라 칠곡군의 팔거들 혹은 팔거천 천변의 마을들이다. 팔거현, 칠곡도호부 읍내 혹은 향교 주변 마을이라고 할 수 있다. 주변으로 칠곡군 동명면, 가산면, 대구시 동구 덕곡동, 북구 연경(무태·서변동)과 노곡동이 있다. 이곳은 신라 시대 팔거리(八居里)로, 고려 시대 팔거현(八居縣)으로 승격과 칠곡(漆谷)이란 별호를 가졌으

나, 고려 중기부터 팔거(八居)로 표기되었다. 이후 팔거(八莒) 혹은 거성(莒城)이라고 했다.[13]

군사적 혹은 정치적으로 사통팔달로 이어지는 마을이라고 신라 땐 팔거리(八居里)라고 호칭했으며, 당시는 산스크리트어로 요새지(要塞地)를 '부리(夫里, puri)'라고 했으며, 팔거리(八居里)란 '일반 부리(夫里)의 8배나 중요한 요새지(八巨里)'라는 의미를 지니고 있던 군사적 혹은 정치적 요충지였다. 따라서 신문왕 때 통일신라의 수도를 이곳에다가 천도하려고 했다는 주장을 하는 학자도 있다.[14]

삼한 시대뿐만 아니라 원삼국시대 신라에선 '고구려의 남침과 가야 혹은 백제의 동진을 막아내는데 가위 역할(在麗南侵, 而濟東進, 此處爲鉸)'을 했다. 그래서 신라 호국성 팔괘방진(八卦防鎭)에서 건방(乾方)의 자성(子城, 母城達城)으로 팔거산성이 담당을 했다. 임진왜란 때에도 명군 총병(摠兵) 유정

(劉綎)도 체찰사 유성룡(體察使 柳成龍)도 팔거현에 명나라 지원군의 주둔지로 국왕에게 상신을 올렸다.15 명나라 지원병의 지원과 포로병 관리를 위해서 조선 병력을 배치했다. 이들의 군량미와 병참을 보급하고자 1593년 10월부터 경상좌우도를 병합한 경상감영을 팔거현에서 경상감영(慶尙監營)의 전시 치소가 되었다(體察使之住箚是州監司之設營).16 1596년 6월에 한효순(韓孝純)과 홍이상(洪履祥) 관찰사가 이곳에서 통치했으며, 달성(達城)으로 옮기기 전에는 임진왜란의 중일화전담화(中日和戰談話)를 이곳 객사 거성관(莒城館)에서 가짐으로써 명실공히 팔거리(八巨里)의 역할을 다했다.

옛 팔거현(칠곡읍내)의 주변 지형은 사직단을 중심으로 나박산(懦薄山, 120.6m), 안양동 안양봉(安養峰, 281.5m), 아시골 뒷산 명봉산(明峰山, 401.7m), 아시골 공동묘지(청석골)의 재비산(燕山, 93m), 향교 뒷산 말산(馬山, 89.7m), 향교를 내려다보는 옥녀봉(玉女峰, 168.7m), 매천동 사양정사의 뒷산 혹은 임진왜란 때 명나라 지원군 총병 유정(劉綎) 부대 절강성(浙江省) 군병의 수구초심(首丘初心) 매장지가 있는 태복산(胎服山, 194.2m), 궁형산성(弓形山城, 일명 弓城山)의 끝자락에 궁숭암(弓崇巖, 厲祭壇)이 있는 구수산(龜首山, 75.6m), 절골과 운암지를 품고 있는 함지산(284.4m)과 바다에서 융기한 망일봉(望日峰, 287m), 도남동의 뒷산 도덕봉(道德峰, 660.7m)과 7개의 산봉우리를 다 품어 안고 있는 가산(架山, 901.7m)이 있다.

한편 물길을 따른 들판을 보면 강변에는 넓은 충적 평야가 발달하였다. 하천은 팔거천(八莒川, 16km)과 지천면의 이

언천(伊彦川, 12.5km)이 남쪽으로 흐르다가 금호강(琴湖江)으로 흘러 들어갔다. 기후는 남부 내륙형으로 교차가 크며, 연평균 기온은 14.8℃이며, 연간 강우량은 878.3㎜이다.

가산산성(架山山城)[17]: 1636년 남한산성에서 인조 국왕과 같이 인화관(人和館) 행궁에서 병자호란의 국란수습을 했던 주서(注書) 이도장(李道長, 1603~1644, 광주 이씨 칠곡파)은 1637년 검열(檢閱)로 또다시 그런 국란이 없도록 유비무환 방책으로 "옛 읍치(경상감영) 자리가 그대로 있는 팔거현(칠곡)에 도호부 설치가 필요함."[18]을 상소했다. 이에 인조는

1639년[19] 경상 관찰사 이명웅(明雄)에게 명령을 내려 최적지를 추천하게 하자 "큰 산이 잘 둘려 막혀서 남쪽 지역을 방어하는 데 가산(架山)보다 더 좋은 곳이 없다(四周山環, 沒比更好, 於防南地)."라고 인조에게 장계를 올렸다.

이렇게 하여 초대부사 윤양(尹瀁, 1603~1641. 7. 1.)은 1640년 10월부터 다음 해(1641)년 4월까지 연인원 10만 명을 동원하여 성축하였다. 남한산성을 모델로 행궁의 객사인 인화관(人和館)[20]을 설치하였다. 그러나 산중읍치(山中邑治)로 백성들에게 불편이 가중되어 1819년 성동일(成東一) 부사가 평지읍치(平地邑治)를 위해 칠곡도호부 이전 함에 있어, 1637년 이도장 검렬의 상소문(八莒縣, 請勿屬大邱府疎,爲縣民作)에서 옛 (경상 감영) 읍치 자리가 그대로 남아 있어…"에 기인하여 관아장소 선택과 시설은 과거 경상감영의 읍치 시설을 그대로 활용했다. 물론 임진왜란 당시 명나라 유정과 일본군의 빈번한 담화장소로 이용되었던 거성관(莒城館)[21] 객사도 보수 활용했다. 1896년 칠곡군(漆谷郡) 설치로 또다시 도호부 자리에 군청이 들어섰다. 관아나 군사 시설은 '조망과 피신(眺望和避身)'이라는 특수한 지리적 여건과 환경을 완비해야 하기에 대부분 과거 읍치지(邑治地)나 군영지(軍營地)를 그대로 이용하고 있다.

객사(漆谷客舍): 먼저 객사의 설립연도를 추정함에 있어, i) 중앙관료와 관아를 출입하는 접빈객의 침식을 제공하기 위해, 1640년 가산산성 칠곡도호부를 설치하고 산성 내에 인화관(人和館) 객사를 설치했다. 부민의 산중 관아에 대한 불편함이 이만

저만이 아니었다. 백성들의 원성을 고려해서 순조 19년(1819)에 팔거현(八莒縣, 현 칠곡초등학교) 읍치로 옮기면서 옛 경상 감영 읍치의 장소와 시설을 십분 활용했음을 감안해 객사(客舍)도 경상감영 때의 현재 칠곡성당(漆谷聖堂)에 설립되었다고 볼 수 있다. ii) 국가시책에서 가장 우선인 임진왜란 극복에 있어 참전 군장의 사기진작과 화전 담화의 장소로 객사가 필요하게 되었다.

당시 시대 상황을 살펴보면. 1592년 음력 4월 12일 왜군의 부산진 침입에서 시작된 임진왜란으로, 1592년 6월 14일 대사헌 이덕형을 정사(正使)로 명나라 지원병을 요청해 1593년 총병(總兵) 유정(劉綎)이 휘하 1만 명이 이곳 팔거현(오늘날 매천초등학교 인근 천변)에 주둔하기로 했다. 이에 따른 조선군대의 명군 지원, 포로병의 수용 관리, 군량미를 비롯한 무기 등 각종 병참을 제공하기 위해 경상 좌도와 경상 우도를 병합하여 팔거현으로 1593년 10월 경상감영(慶尙監營)을 이전 설치했다. 1596년 6월 대구 도호부(達城)로 이전하기까지 팔거현은 20,000~25,000인이 거주했던 군사 도시로 면모를 갖췄다.

임진왜란 국란 극복을 위해 명군 장수의 국빈예우에 따른 유흥과 중앙관료의 접빈을 위한 '전시객사(戰時客舍)'가 필요했다.[22] 특히 명나라 군대는 민간인에게 피해는 일본군보다 더 강력한 점령군이었다. 명나라 군관들은 잠자리를 위한 '꽃 같은 아가씨(花樣女)'를 요구하였기에 '화양녀(花樣女)'[23]라는 용어까지 생겨났다.

이로 인해 한때 삼강오륜이 무너졌다는 영남 유림의 탄성(嘆聲)이 산야를 울렸다. 객사의 건축년도는 (기록에 의한) 향교가 건립된 1642년 "황보의 가문과 이 고장의 구전을 빌면, 객사는 향교가 건립되기 훨씬 이전에 생겼다는데 그동안 여러 차례 확장과 복원공사를 한 흔적이 더러 엿보였다(상권, 209면)."라는 소설의 구절과, "(객사에서) 사방관리소(砂防管理所) … 보통학교 간판이 걸렸다."는 국(菊)씨 노인의 회상에서 미뤄봐서 임진왜란 당시에 건립되었다는 추정도 가능하다. 소설 속에서 객사에 살고 있었던 "국(菊)씨 노인, 헛간채 판돌이 가정, 북녘 채 각시가 이사 왔다(상권, 297면)."

　소설 『객사』 속에서 거성관 객사란 의미는 i) 일반적으로 만났다가 헤어지는 곳(meeting point), ii) "뭇 새들이 같은 가지에서 잠을 잤는데 날이 밝자 각자 갈 길을 날아간다(群鳥一枝宿, 天明各鳥飛)"라는 시처럼 여러 사람이 하룻밤을 같은 장소에서 잠을 자고 날이 밝으면 각자 갈 길을 떠나는 곳(lodging point), iii) 새로운 손님을 영접하고 연회를 베푸는 곳(party place), iv) 삶의 각가지 이야기를 나누면서 새로운 삶을 찾아가는 사람들이 모인 곳(schooling place)이다.

행복 북구 문화재단 홈페이지에서는 1593년경에 설치된 객사 '거성관(莒城館)'[24, 25]임을 언급하고 있으며, '거성관(莒城館)'[26]이란 전시상황이라서 '거성객관(莒城客館)'을 줄여서 호칭했다. 대구도호부 및 경상감영의 객관(사)은 달성관(達城館)이라고 했다.

일반적인 객사는 i) 국왕의 교지를 받거나 중앙조정 관료를 맞이하는 곳(건물격식과 위치가 관아보다 높고 고품격으로 만듦), ii) 역원(역원)시설과 인접하여 공무에 불편을 최소화, 쾌적하고 지극한 접내 최대 효과의 위치(관찰사 이상의 관아에 기방과 노방을 마련했음), iii) 관찰사의 빈객접대로 향응을 베풀었다.

객사보통학교(莒城學校): 당시 읍내동에서는 보통학교는 간이보통학교(簡易普通學校)와 심상소학교

(尋常小學校)가 있었다. 일본인들만을 위한 소학교를 1905년 조선통감부령으로 소학교령을 발령하여 조선 거류 일본인만을 위하여 설치했으며, "1909(己酉)년 5월에 간이보통학교 인가를 받아 그해 객사(客舍)에 학교 간판을 걸었다(莒城學校). 일본인들을 위한 소학교인 심상소학교(尋常小學校)보다 한 해가 늦은 셈이다(상권, 53~54면)."

심상(尋常)이란 말을 우리는 '몇 푼 안 되는' 혹은 '범상하지 않다.'라는 뜻으로 사용하나 일본인들은 두보(杜甫, 712~770)의 '곡강에서 시 두 꼭지(曲江二首)'에서 "사물의 이치를 곰곰이 따져 본 즉 모름지기 즐겨야 하리니(細推物理須行樂), 날마다 곡강(행복)에 만취하여 돌아온다(每日江頭盡醉歸). 잠시라도 서로 어기지 말고 상춘의 즐거움을 나누자(暫時相賞莫相違)."[27]라는 삶의 철학을 깔고 사용하는 말이다. 평상심을 찾는다는 의미를 지니고 있다(尋平常心).

고평역(高平驛) **혹은 기평**: 오늘날의 위치로는 읍내중학교(일명 소년원) 인근으로 추정, 칠곡부읍지에 의하면 "퇴천방 남쪽 1리에 위치(在府南一里於退川坊)하며, 남쪽으로 범어역(凡魚驛)은 30리, 인동 양원역(楊原驛)과 70리였다. 고평역에서는 중마 2필, 복마 9필을 준비하고 있었고, 역 관리 지원인력은 72명이었다." 또한 『신증동국여지승람(新增東國輿地勝覽)』의 성주목(星州牧)에는 "팔거현(八莒縣) 서쪽 5리에 (고평역) 있다."[28] 『경상북도칠곡군역둔전답도세영정성책(慶尙北道漆谷郡驛屯田畓賭稅令定成冊)』에 의하면 고평역은 양반 지주들의 토지 잠식이 심했던 곳이다. 1900년대 초에 이미 고평역의 토지는 도씨(都氏), 배씨(裵氏), 소씨(蘇氏) 등 양반 지주의 소유가 되었고, 나머지 김씨(氏), 이씨(氏) 등은 대부분 소농 및 빈농이었다. 1894년 갑오경장(甲午更張)으로 인해서 다음 해(1896년) 폐지까지 고평역

(高平驛)[29]에서 역 고개를 넘어서 빈객들은 객사에 찾아들었다.

한편, 원(驛院)은 고려 시대부터 조선 시대까지 신구 관찰사와 감사의 교대 장소, 서신 경유지, 수령을 맞이하는 장소 등 지방 행정의 공식적인 행사나 공무가 행해졌던 곳이다. "말산 뒤의 기평에서 말고삐를 몰고 넘어오던 역졸들의 모습이 연일 두세 차례씩 보였다고 함."이라는 객사의 국 노인의 말이 나오는 것으로 봐서 고평(역원)에서 객사로 빈객을 모셨다. 객사를 오늘날 호텔처럼 생각하는데 관청시설의 하나였기에 서민이 그곳에 갈 수 있는 경우는 관급업자 혹은 기녀접객의 전주(錢主) 등의 특별한 경우가 아니고서는 출입이 허용되지 않았다.

구수산(龜首山): 산 모양이 낙동강에서 가산(架山)

을 향해서 팔거천을 거슬러 올라가고 있는 거북이 모양이라서 '거북머리산(龜首山)'이라고 했다. 위치로는 궁성(弓城)덤이의 끝부분을 이루고 있다. 지난 1992년 경 구수산 자락에 아파트 단지 대천(帶川, 1930년대 직강 공사로 조성)에서 한양산호아파트, 럭키아파트, 현대아파트 등이 입지함에 따라 팔거천 좌안 접근로가 개설되었다. 그로 인해 궁성덤이(龜首山)의 머리 부분이 잘려나갔다.

구수산 정상(현재 통일신라 혹은 고려 시대 절터 발굴 현장)에는 경상북도 제5대 지사(재임 기간, 1957. 9. 27.~1959. 5. 12.)였던 송관수(宋寬洙, 1907~1969)의 모친 묘소가 1958년도 들어섰다. 당시 묘터를 잡은 구암동 박모 지관은 "이곳은 지사보다 더 큰 벼슬을 할 명당이다."라고 했다는 일화가 있었다. 송관수 지사는 그 이후 1960년 경북도 참의원을 역임했다. 2010년 전후로 자손들의 미국이민으로 조

상 묘소를 이장했다.

  2023년 1월 19일 구수산에서 여제단(厲祭壇) 터와 절터 발굴 현장 설명회가 있었다. 조선 태종 때 중국 여제단 제도를 도입하여 국조오례(國朝五禮)에 규정하였다. 서례(序例)의 표준모형의 담장 15m, 담장과 제단의 이격 거리 4.5m, 그리고 6.4m 정방형(正方形)의 제단규격에 부합한 여제단 터가 발굴되었다.

구천(龜川): 칠곡지(漆谷誌)에서 '달성 배씨들이 사는 곳(達城裵氏居地)'이라고 기록하고 있으며, 소설 『객사』에서는 송판돌의 맏딸 영달이와 사위 안 목수(安榮準)가 사는 곳이었다. 오늘날 구수산 도서관 남동쪽에 300m쯤 있으며, 2022년까지 구천서당(龜川書堂) 혹은 원모재(遠慕齋)가 있던 곳이다

(『북구마을지』, 2019, 팔거역사문화연구회 발간, 302면). 『객사』 소설에선 안 목수의 자식 2명이 방화로 타죽었다. 그날 밤 아내 송영달이는 신사 대들보에 목매어 자결했다. 또한, 김벽순 가족과 불화까지 생겼던 곳으로 구천(龜川)이 아니라 구천(九泉)이라는 생각을 하게끔 묘사하고 있다. 1920~1930년대 팔거천 직강공사(直江工事) 전엔 오늘날 대천(帶川, 잔잔

한 물결 띠를 이뤘던 곳) 마을로 개울물이 그곳으로 흘렀다. 구천 앞에는 칠성덤이라는 물덤벙이 있었다. 개울 섶 위에는 많은 돌무더기가 있었고, 그 돌무더기 산(七星壇)을 칠성덤이(七星偃)이라고 했다. 대천고개 남측을 제사를 지내던 봉우리를 제봉산(祭奉山)이라고 했다.

국우동(國優洞): 도덕산에 발원하는 "반포천(反哺川)이 들판을 적시면서 나라 살림까지 넉넉하게 한다(以反哺流, 而至國優)."에서 지명을 국우동(國優洞)이라고 한다. 옛 이름은 '구우리(九優里)' 혹은 '구리(九里)'라고 불렸는데 아홉 마을이 있었다는 데 연유했다.[30] 칠곡읍지(칠곡읍지)에서는 국우리(國優里) 양씨(楊씨)가 살고 있으며, 구명동(久明洞)이라고 했다고 기록되어 있다. 향토사학자는 고려 팔거현 당시에 관아가 있었기에 국리(國理) 〉 구리(舊里) 〉 국

우(國優)로 변천했다고도 주장한다.[31]

궁성덤(弓城亭, 弓崇巖, 궁성듬): 읍내동 자연부락의 모양이 겹겹이 쌓인 산의 품 안에 들어 있는 들판을 '궁성들(弓狀山城野)'이라고 했다. 궁성들의 끝자락에 있는 구수산을 궁성듬(덤이)이라고 했다. 칠곡부읍지(漆谷府邑誌, 1872)에서 "여제단은 부청에서 남쪽으로 궁숭암에 있다(癘慶府南在弓崇巖)."라고 기록되어 있다. 최근엔 구수산 북향자락과 팔거천이 만나는 물웅덩이로 의미를 축소되었다. "(궁성듬이란) 관찰사의 눈에 비친 대로 불린 이름이다. 어느 날 관찰사가 민정을 살피러 관내를 순시하던 중 이 마을을 보고 탄복했다. 궁성처럼 생긴 데

다가 마치 정자에 오른 것 같다면 궁성정(弓城亭)등이라고 불렸다(『대구 북구 마을지』, 2019, 295면)." 팔거천 상류를 향하고 있는 거북머리산(龜首山)의 북향받이(머리 부분)가 1989년 택지개발과 1992년에 도로를 내는 바람에 절개되었다(마을지, 295면).

여기 사족(蛇足)을 붙인다면, 성주목 팔거현 경상감영 시대는 1593년 10월부터 1596년 6월까지 2년 9개월이었다. 1593년 10월에 경상 좌우도를 합쳐 경상 관찰사 한효순(韓孝純, 1543~1621)이 부임하였다가 1595년 2월 27일에 다시 경상 좌우도로 분리되었으며, 경상 좌도관찰사로 홍이상(洪祥, 1549~1615)이 부임해서 1596년 6월에 다시 경상도로 합치면서 대구부(達城, 오늘날 달성공원)로 감영을 이전했다.

『객사』 소설에서는 "바로 문밖에 궁성더미의 벼랑이 잘 깎아 다음은 이마 모양으로 막아서 있는

데 …. (상권, 95면)" 혹은 "궁성더미의 앞 벼랑은 몹시 가파른데, 검은 자태가 아가리를 크게 벌린 모양을 하고 있었다(상권, 271면),"라는 표현들이 있다. 판돌이의 맏딸 영달이와 안 목수(安榮俊)가 거주하는 곳에서 봤던 석벽이다. 궁상맞은 일을 일어날 때마다 바라봤던 곳이다. 객사에서 내다보이는 궁상맞은 일들이 생겨나는 곳이었다.

남창(南倉)골: 가산산성 남쪽 창고(南倉)가 있던 마을로 진동문(鎭東門)과 수문제(水門堤)의 안쪽 골짜기 마을을 말한다. 반대로 가산바위 인근 북창골도 있다. 벽순이 가족이 영천 신령(新寧)에서 신령재(신라 땐 도마재)를 넘고 대왕재를 다시 넘어 남창골까지 왔다. 한티재로 올라 마당재 인근에 움집을 마련해 살았으며, 그곳에서 최봉익의 유복녀인 인달이를 다음 해(1905년) 정월 스무여드레에

낳았다. 마당재는 명연폭도(鳴淵, 일명 울소) 위에 한티재로 올라가는 길목에 마당처럼 평평하다고 하여 붙은 이름이다.

참으로 이상한 게, 남창골을 오늘날도 남창골이라고 한다. 남원동 일대로 가산 산록의 풍광을 이용한 음식점이 들어섰다. 인근 기성동에서는 오늘날 남녀데이트 장소가 유명해지자 많은 러브호텔(love hotel)이 즐비하게 들어섰다. 이에 따라 남창(男娼)들이 들끓는 남창(南娼)골이 되었다.

2003년 대구 하계 유니버시아드(Universiad) 경기 때 북한 여성응원단 200명이 대구은행 연수원을 숙소로 이용했다. 당시 남창골은 불야성(夜城)을 이루고 있어서 북한 응원단원 여성들은 "남조선에 궁전이 이렇게도 많습니까?" 혹은 "어떤 사람이 이렇게 초호화 궁전을 이용합니까?"라는 많은 질문이 쏟아졌다. 첫 질문에 러브호텔이라는 답변을 못 했고, 겨우 "조선 사람이 들어가고 일본 사람이 나옵니다."라고 두 번째 질문을 답변했던 기억만이 있다.

내새(川西): 오늘날 거동교 동편으로 현재 홈플러스가 있는 동네를 '내새(川西)'라고 했다. 선비들은 한자로 '천서(川西)'라고 표기했다. 경호천 서쪽으로 '천서(川西) 〉 내서(內西) 〉 내새'로 굳어졌다. 경호천 동측을 천동(川東) 혹은 동천(東川)이라고 했다. 오늘날 동천동(東川洞)이라고 한다. 내새를 다시 윗내새와 아랫내새로 나눠서 학정동 쪽을 웃내새, 동천동 쪽을 아랫내새라고도 했다.

객사(客舍) 소설에선 기미년 삼일 독립 만세운동을 읍내 5일 장날(1일과 6일자)에 개최하고자 선비들이 많았던 학정동 젊은이들이 장사꾼들과 만세 꾼으로 만세 한마당으로 장마당을 기획했고, 사람들을 모을 때 "학정골-질(길)마당-아시골(鳳巢里)-내새-행고마(상권, 204면)"로 집결시켰다. 이때 내새(川西) 마을은 중간지점이었다.

당나무 골: 당나무(堂木)란 일반적으로 동제(洞祭)를 지냈던 나무를 말하기에 당나무 골이란 동제(洞祭)나무가 있는 골짜기를 말한다. 향교 뒷부분 혹은 옥녀봉 아래 골짜기에서 동제를 지냈기에 당나무골이라고도 했다. 소설 『객사』에서는 반촌(班村)에서 기피했던 가축도살(家畜屠殺) 혹은 매음정사(賣淫情事) 등의 혼잡스러운 일들이 횡행하던 곳으로 표현하고 있다. "헐레댁이란 당나무가 우뚝 선 당나무 골의 과부 백정이다. 그녀는 올

해 갓 마흔 살이 되는데. 육 년 전에 남편을 잃고 외딸 미주와 단둘이 엎드려 살고 있으나, 모녀가 벌이는 도색행각(桃色行脚)은 읍내 안에서 한갓 꺼리로 손꼽히고 있다(하권, 23면)."

대왕재(大王峙): 오늘날 동명면과 동구와 경계선 고개다. 위치는 동명면 기성리에 속하며, 칠곡에서 고개를 넘어 내려가면, 태조 왕건(大王)의 전설이 서린 곳이라서 대왕재(大王峙)라고 했다. 오늘날 인근 지형지물로는 대구은행 연수원이 있고, 고갯마루에는 100년 수령을 자랑하는 큰 느티나무가 아직도 길손을 맞아 땀이라도 식히고 가라고 반기고 있다.

아마도 『객사』 소설의 주인공 송판돌이는 이삿짐 지게에다가 아들이라고 소달이를 올려놓았을 것이고, 김벽순이는 만삭의 몸에도 아이를 업고도 머리에 보따리를 이고 왔던 짐을 이곳에 내려놓고 쉬었다. 돌아온 길을 외면하고 앞에 전개될 가산 산성을 쳐다보면서 청사진을 펼쳤던 곳이 대왕재였다. 송판돌이 마음속에선 "사내가 뜻을 세워 고향을 떠나왔다면, 성공하지 않고서 죽어도 못 돌아가지. 인간 사는 곳곳에 청산이 있을 터이니(男兒 志出鄕關, 學若 成死 還…. 人間到處有靑山.)"³²라는 각오를 다졌다.

도남 수리지(道南池): 도덕산(道德山) 남쪽 아래 동네를 도남리(道南里)라고 했으며, 그곳에서 발원하는 반포천(反哺川)이 있었다. 즉 '반포지효(反哺之孝)'³³라는 고사에서 연유하고 있다. 어린 까마귀가 성장해서 부모에게 보답한다는 효행의 근본을 알라고, 그걸 이름에다가 붙였다. 오늘날 서울 반포천(盤浦川)과는 차원이 달랐다. 『객사(客舍)』 소설에서는 1924년경에 도남수리지(道南手理池) 공사가 나왔으나, 사실은 도남지의 수리공사는 농어촌공사의 기록에선 1941년 12월 25일에 시작되어 1944년 3월 31일까지 106,600㎡를 완료했다.[34] 일반적인 사력(沙礫)댐으로 물 샘을 방지하고자 '점토다짐(clay grouting)'에 어린 학생들까지 동원했다. 서리못(霜池 혹은 사리지)은 도남지 이전에 수리지가 되었으며, 인근 동명면 송림못(松林池 혹은 九德池)은 1957년에 칠곡 읍내 주민들을 동원하기도 했다.

도덕산(道德山 혹은 道德峰): 도덕산이란 오늘날 지역상으로 동구 덕곡동과 북구 도남동의 뒷산이기에 도남(道南)과 덕곡(德谷)의 합성어로 볼 수 있으나, 사실은 산명에서 동명이 나중에 생긴 것으로 보인다. 높이는 659.9m로 주변보다 높은 산은 아니나, 수성변성암(水性變成巖)으로 형성되어 있어

수석애호가들에게 수석 채집에 명산으로 유명하며, 연경동 도덕산은 불법채집으로 만신창이가 되었다[35]. 중턱에 신라 늘지왕 18년(435)에 세워졌다고 전해지며, 고려 광종19년(968)에 혜거국사(惠居國師, 899~974)가 창건했다는 도덕암(道德庵)이 있다. 당시는 칠성암(七星庵)이라고 했으나, 임란으로 소실되어 인조 10년(1632) 나한전 건립, 효종 4년(1653) 기성쾌선(箕城快善, 1693~1764)이 중수, 철종 5년(1854) 몽계당 선의대사(善誼大師)가 중창하면서 '도와 덕을 쌓는 암자(修道德庵)'라고 도덕암(道德庵)이라고 개칭했다. 도덕산 아래 경서를 읽는 유교의 도덕과 합치되어 도덕산(봉)으로 불리게 되었다.

1905년 취임해서 1908년에 청도군수로 이임했던 최현달(崔鉉達, 1867~1942) 군수는 도덕산에 대해 일갈했다. "도덕산에 노닐다. 도덕산이라서 이렇게도 높은가? 공경스러운 산 이름 때문에 다시

금 탄식하겠네. 평지에서 치솟아 올랐음을 알겠지만, 바라보니 푸른 하늘에도 닿겠네. 햇볕이 맑아 더욱 빛나는 걸, 긴 세월 장구함도 엉켜 튼실하다네. 올라본 사람만이 말하겠는데, 한발씩이라도 도덕봉을 향해서 걸어 올라가려네."[36]

돌고개(石峴): 구들장 혹은 구들삐 이야기를 하면 청석골로 혼동하기 쉬운 곳이 돌고개다. 동명 혹은 지천에서 마련한 구들장(청석)을 갖고 거래하던 고개(장터)로 현재 위치로는 오늘날 태전동(太田洞), 관음동(觀音洞), 동명면 낙산리 접점에 위치하고, 옛 구안국도(邱安國道) 변이다. 즉 태전삼거리-보건전문대-지천으로 넘어가는 고개였다. 우마로 끌고 나와서 거래가 되지 않는 건 서문시장으로 가서 팔기도 했다. 일명 한퇴재라고도 했다.

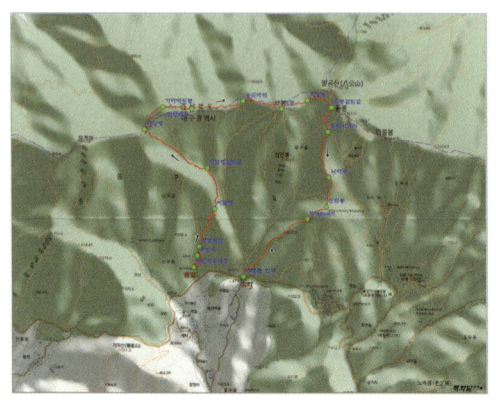

마당재(場峙): 남창골에서 한티재로 가는 길목에 집 앞마당처럼 펼쳐진 고개라고 해서 마당재였다. 올라오는 데 고생 많았으니 쉬면서 '노랫가락 한마당이라고 펼치라.'라는 의미로 팔공산 산신령이 마련했다.

오늘날 i) 자가용으로 접근하자면 한티재를 향해 올라가다가 평산 아카데미와 마당재 이정표가 나오면 왼쪽으로 마당재 덱(deck) 길이 마련되어 있다.

ii) 산행을 하자면 한티재에서 파계재로 가는 도중에 948m/sl 마당재 나무이정표와 등산 위치 127번 일명 종주구조목(縱走救助木)이 설치되어 있다. 바로 아랫마을 쪽엔 일명 '목청껏 울어대는 폭포'라는 의미의 명연폭포(鳴淵瀑布)가 있어 조용히 세속 모든 걸 내려놓으면 폭포수 향연을 들을 수 있다.

말고개(馬峙): 객사 뒤에 있는 말산 아래에서 고평의 끝자락 혹은 관음골로 다니던 고개를 말한다. 아래 기슭에 6,000평이나 넓은 마루(터)에 인근 향교 숲과 관음 솔밭이 있는 명당으로 신사(神社)가 들어섰다. 신사의 규모를 짐작할 수 있는 구절론 "(6,000여 평) 천망대(千望臺)에 신사를 짓기로. 남쪽으로 200여 자 물려서 터 잡고 주춧돌을 놓습니다. 신사건물은 행교의 새끼집같이 볼품없이 빌꺼… 사간 집에 행랑채 서너 개 딸린 채로 행교

(鄕校)의 아랫집같이 뵙니더(상권, 118면)." 말고개는 오늘날 행정복지센터 혹은 파출소 골목길로 말산으로 양지마을(배씨 재실 鳳棲齋)을 올라 관음사 뒷산의 질마고개를 넘어서 한양으로 향해 갔다.

말산(馬山): 오늘날 향교 혹은 칠곡중학교 뒤편에 있으며, 말산의 기원에는 i) 넓은 김해 김씨[37] 문무석 묘역(1989년 택지개발 제1지구 때에 이장)에 명장준마(名將駿馬)의 의미로, 말 모양의 묘지 석물이 있었기에 말산이라고 했다. 현재 말산공원을 조성해 과거의 합성플라스틱(fiber reinforced plastics)으로 2개의 과거의 말 모형을 만들어 놓았다. ii) 과거 인근 고평역(高平驛) 역마(驛馬)를 사육하는데, 이곳에서 사육했다는 데에서 연유한 말산이다. iii) 1973년 계축년 칠곡 시인들이 시회를 개최했던 곳이며, 2018년 팔거역사문화연구회 국역의 가남시집(架南

詩集)에서는 '금반산(金盤山)'이라고 기록하고 있다.

『객사』 소설에서도 천망대에 신사가 건립되었다. 향교 뒤 옥녀봉 끝자락을 천망대라고 했다. 지난 1998년 12월 28일 중앙고속도로 건설 작업 중에 '산이 갈라지는(crack) 사고'가 났던 곳도 말산이다. 말산은 옥녀봉 끝자락이기에 신문에선 옥녀봉이라고 보도되었다.

말산의 '산 내려앉음(land sliding)' 혹은 '땅거죽 내려앉음(soil creeping)'을 좀 더 언급하면 풍수지리설에선 이런 곳에 무덤을 쓰면 시체가 사라지는(도둑맞는) '도시혈(盜屍穴)'이다. 당시 지역주민들은 옥녀봉에서 말산까지 내려오던 산맥(혈맥) 절개보다 터널 공사를 요구했다. 그러나 시공회사는 산 높이가 공사지반에서 33m 이내로 평지작업을 해서 파낸 잔토(토사)를 다른 곳 성토작업에 이용하면, 절개작업을 해도 비용 절감이 되었기에 절개했다.

보얀골(白米水里): 칠곡에 지명과 설화를 다 뒤져 봤으나 못 찾아서 포기하다가 우연히 인근 칠곡군청 지명 유래를 살피다가 동명면 부엉이바위(鳳巖)에 대한 전래설화를 실마리로 찾았다. 이런 설화까지를 감안한 이태원 작가의 박학다식에 다시 놀라게 되었다.

먼저, i) '보얀(白潔)'이란 '보얗다(白)' 혹은 대구 사투리로 '뽀얗다(潔)'라는 형용사에 관련해서 찾아봤다. 지명으로는 '흰 학들이 청송에서 춤추는 정자(白鶴靑松裏舞亭)'라는 평온한 마을을 기원했던 학정동(鶴亭洞)으로 봤다. 학정동을 비정하기에는 '백로가 날아드는 마을이란 비로실(飛鷺室)'을 빼놓을 수 없었으나, 다행하게도 칠곡 부읍지에서는 '늙은이들이 없는 골(非老谷)'이라고 적혀있었다. ii) 바람꽃, 즉 큰바람이 불기 전 면 산에 구름 혹은 안개가 희미하게 감도는 것을 작가가 표현했다면 가산산성의 어느 곳이었다. iii) 보얀목(白樺木)이 많은 골짜기로 추측할 수 있어서 비목(몽)나무가 나는 골짜기를 찾았으나 근처엔 없었다. iv) 마지막으로 동서양에 넓게 분포된 백석문화(白石文化)에서 흰돌마을(白石村, 보얀골)이 아닌지를 주변 지형지물을 살펴봤다. 요한계시록의 "승리자는 흰옥을 입으리라(He who is victorious will be dressed in white/ Revelation 3:5)."는 구절과 학정동 선비들의 흰 한복을 연계해 봤다.

끝내 이런 유추는 허탕이었다. 늘 입에 달고 살았던 '아시골(鳳巢)-명봉산(鳴鳳山)-봉암(鳳巖)-봉서제(鳳棲齋)-칠곡도호부 북쪽 봉서루(鳳棲樓)[38]'를 다시 더듬다가 봉암(鳳巖)을 동명면 지명 유래에서는 '부엉이바위'로 기록하고 있어 자세히 읽어나가다 '보얀리(白米水里)'전설을 찾았다. 조밥과 피밥만 먹고 있었던 조피골 가뭄에도 봉암동 수리안 전답에서는 쌀농사로 쌀을 씻는 쌀뜨물이 팔거천으로 흘러 내려옴을 보고 봉암리를 '보얀골(白米水里)'이라고 했다. 그곳을 팔거천변(八莒川邊)에 버드나무가 많아서 '유목정(柳木町)'이라고도 했다.[39] 조피골에선 이상향으로 보였다.

북창 마을(北倉里): 앞에서 가산산성의 남창골을 설명했다. 이에 반대편에 있는 북편군창(北便軍倉)이 있던 마을이라는 곳으로, '사또 에이후(齊藤永孚)' 일본인 보통학교 교장이 학생 모집을 위하여 60~70리나 되는 북창마을까지 방문 설득을 했던 곳이다. 인달이와 교장 선생이 학생 모집을 위해서 그렇게 먼 곳까지 몇 차례 다녔던 곳이다.

당시 읍내동 주변에 한문을 가르쳤던 곳으로는

20여 개소 서당(운곡서당), 서원(매양서원) 혹은 정사(도남정사, 사양정사, 녹봉정사), 그리고 칠곡향교가 있었다. 신식교육을 제창하고 있던 일본인의 심상소학교(尋常小學校)는 일본인만을 대상으로 하고 있어 문제는 없었으나, 조선인을 대상으로 했던 보통학교는 치열한 학생 유치 전쟁이 벌어졌다.

비로실(非老室 혹은 飛鷺室): 칠곡문화원(漆谷文化院) 2002년 재간행 '칠곡지(漆谷府邑誌, 1872년 초간)'에서는 '늙지 않는 골 혹은 늙은이가 없는 골(非 谷)'이라고 적혀있다. 위치는 국우성당을 중심으로 인근(구암동 옻골동산 아래)을 말했다. 오늘날 위치로는 절골과 옻골동산 중간에 있다. 조선 시대 잦은 천재지변(지진, 폭풍우, 가뭄, 전염병) 등은 물론 인재(전쟁, 당쟁, 가혹한 정치) 등의 모든 재앙을 피해 평온하게 살 수 있는 곳에다가 택리(擇里)를 하고자 했던 생각

이 십승길지사상(十勝吉地思想)이었다.[40]

비로실(飛鷺室)은 '팔거천 백로가 둥지를 트는 평화로운 길지(苕川白露飛入, 作巢天下吉室)'를 기원하는 뜻을 담은 마을 이름이다. '백로(鷺)가 날아드는(飛) 마실(室)'이라는 동네 수호석이 지금도 마을에 들어오는 길섶에서 지키고 있다. 유사한 사례론 태전동 장태실(長兌室), 노곡동 논어실(語室), 예천 금당실(塘室) 등이 있다.

비각(석)거리(碑閣(石)街): 현재 박한의원에서 농협이 골목에 7기 정도의 비석이 즐비하게 있었기에 비석거리라고 했다. 사실 비석은 칠곡초등학교 동헌 뒤에 과거 칠곡도호부, 경상감영 및 칠곡군청이 있었던 송덕비, 영세불망비 등 60여 개를 모아 비석 숲(碑林)을 만들었다. 시대가 변천해 1970년대 새마을운동사업으로 오늘날 치안센터 옆 혹은 칠곡교회 앞 실개천복개사업을 할 때 덮개돌로 많이 사용했다(『대구 북구 마을지』, 2019, 291면).

소랫골(松田谷): 일반적으로 소랫골은 오늘날 매천동 송천(松川)에 해당한다. 칠곡문화원에서 2002년 재발간한 『칠곡지(漆谷志)』에서는 '소라곡(所羅谷)'으로 적혀있다. 일본강점기 초기에도 송천(松川)으로 표기했다.[41] 솔 송 자(松)와 내 천 자(川)를 합친 말로 송천(松川) 혹은 솔내골(松川谷)이라 했다.

정재용의 장편소설 『빙이화(氷以花)』(2009)에서 "사람들은 소나무 우거진 산과 맑은 개천(八萬川)

을 지칭해 송천마을(松川里)이라고 했으며, 주변의 다른 부락을 합쳐 매천동(梅川洞)이라고 했

다."⁴², "우리는 대한 건아 겨레의 일꾼, 배우고 갈고 닦아 나라 빛내세, 가난을 물리치고 소득을 올려서 국가의 동량되고 반석이 되자. 배움의 학도들아 다 함께 모여. 주경야독 실천하여 진군을 하라. 우리말 우리글을 배우고 익혀. 소래실 학교 기상 만세 부르자."라고 교가까지 나오고 있다.⁴³

다시 이어 경인(1950)년 6월은 더위가 일찍 찾아왔다. 봉숙(鳳淑)의 소래실학교(계몽한글학교)는 서서히 정규화와 같은 체제로 변모되고 있었다고 적고 있다. 당시 유사한 명칭 솔밭마을(松田里) 혹은 솔밭골(松田谷)은 오늘날 매천동에서 솔내마을(송천리), 관음동 양지마을 관음사지 건너편 솔밭마을이 있었다.⁴⁴

한편 이태원의 소설 『객사(客舍)』에서 '소랫골 임야 대부(상권, 98면)'를 미끼로 영달의 남편 안 목수(大木長)에게 신사(神社) 건립에 앞장서라는 것과

"말이 좋아 소랫골이었지. 관음사(觀音寺) 뒤에 길게 뻗은 깊고 넓은 골이 바로 소랫골이었다(상권, 99면)."45 및 "신사의 불길은 천망대 일대를 뒤덮었으며 타고 있었다. 피어나는 검은 연기는 옥녀봉 영봉을 덮었다가 작은 아시골 다 멀리 공동묘지와 소랫골 일대로 흘러갔다(하권, 303~303면)." 하는 표현으로 봐서 관음1동 현 관음동 상수도 배수지(加壓場) 건너 솔밭마을(松田里)을 지칭한다. 양지마을에 사는 사람들은 정작 소랫골이 아니라 새락골, 쇠락골 혹은 한자로 신락곡(新落)이라고 했다. 현재도 신락지(新落池)라는 못이 남아있다. 또한 조피골(도남동)과 학정동 사이에 솔밭이 등장하고 있는데 이는 오늘날까지 소나무밭이 그대로 남아 있다.

2002년 10월 31일 작가는 "소랫골에는 전원주택단지(관음동 전원주택단지)가 들어섰고…. (『객사』, 하권, 367면, 영림카디널, 2002. 10. 31.)"라고 30여 년이

지난 현재 시점에서 뒤를 돌아보면서 "칠곡(漆谷)이란 지명조차 발전이란 미명(美名) 아래 사라지지 않을까 우려했다."

소랫골 질마고개: 오늘날 시내(우주교통)버스 공영차고지~해원정사(解冤精舍) 사이에 있었던 솔밭 숲이 현재도 주변에는 많은 소나무 군락(松林群落)을 이루고 있다. 조선 시대 말고개(馬峴)였던 읍내동~양지마을~신락지(新洛池)~질마(길마)고개~현곡지(峴谷池, 동명면 낙산리)의 산길이 어렴풋이 짐작할 수 있게 남아 있다. 오늘도 질마(길마)고개에서는 정자가 설치되어 땀을 씻고, 명봉산(鳴鳳山)을 올랐다. 옛

날엔 이곳에서 무거운 짐을 내려놓고 쉬었다. 길마(질마, pack saddle)란 말, 소, 당나귀 등에 짐을 싣도록 만든 안장이다. 이곳에서는 한양 가는 과객과 우마(牛馬)가 부담 능력을 고려해서 다시 짐을 챙기는 고개였다. 그래서 길마(질마)고개라고 했다.

송림사(松林寺): 신라 때 오늘날 칠곡군 동명면 구덕리(九德里)에다가 544년에 창건했다. 682년 신문왕은 달구벌로 천도를 염두에 두고 호국사찰 '마정계사(摩頂溪寺)'를 현장 방문했다. 최치원(崔致遠, 857~909)의 『신라호국성팔각등루기(新羅護國城八角燈樓記)』[46]에서도 송림사(摩頂溪寺)가 나오고 있으며, "그곳 바로 신성한 곳이다(此是是聖地也)."라고 표현했다. 이에 고려 시대 1092년 대각국사(大覺國師) 의천(義天)이 중창했다. 그러나 13세기 몽고군의 침입으로 폐사되었다가 1597년과 1858년에 두

차례 중창했다. 오늘날도 구덕(九德)덤이 옆 솔밭에 신라의 호국사찰로 의젓하게 자리를 잡고 있다.

수리못(水理池): 자연스럽게 형성되었던 물 덤벙(溜, 혹은 두명) 혹은 덤미(堰)가 아닌 물길을 내고 가두어서 주변의 농경지를 수리안전답으로 만들고자 수리공사(水理工事)를 했는데, 이때 수리공사를 했던 못을 수리못(水理淵) 혹은 수리지(水理池)라고 했다. 소설 『객사』에서는 오늘날 도남지(道南池)를 수리못으로 묘사하고 있다. 사실, 한국농어촌개발공사의 수리개발 공사 내역을 확인했더니 도남지는 1941년부터 1944년까지 수리공사를 했다. 그러나 작가는 1924년경으로 서술하고 있다. 이는 소설상 시대 배경이 역사적 사실과는 일치하지 않는다. 역사 기술이 아닌 창작이기 때문이다. 수리못은 서리못(霜池)을 칭한 것이라는 주장도 있다.

사실상 서리못(霜池)은 주변에서 가장 빨리 개발했기에 조선 후기 지도에 이미 사리지(事理池)라고 표기했다.

아시골(阿尸乭): 오늘날 아시고개(阿尸峙)가 있었던 마을로 안양동이다. 제비산과 나박산(懦薄山)의 사이 골짜기로 신라 시대 안양사(安養寺)가 있었던 골짜기다.

주변 산으로 폭 싸여 있는 모양이 '봉황이 알을 품고 있는(鳳凰抱卵) 양지바른 곳(鳳巢)' 형국이다. 이곳을 안양정토(安養淨土)의 길지로 봤다. 뒷산은 명봉산(鳴鳳山) 좌측 양지바른 동네를 봉암(鳳巖), 칠곡도호부 북쪽의 봉서루(鳳棲樓, 1819), 서쪽 양지마을에 달성 배씨 재실인 봉서제(鳳棲齋), 동화사에 봉서루(鳳棲樓) 등의 봉황에 관련된 지명이 아직도 많이 남아있다.

아시(阿尸 혹은 我時 asi)란 신라어는 '봉황(鳳凰)'을 의미한다. 옛 기록을 살펴보면, 삼국사기에서도 아시량나라(阿尸良國) 등의 아시(asi)가 나오고 있다. 고구려에서는 당나라 30만 대군을 막았던 걸걸중상(乞乞仲象) 혹은 대중상(大仲象)이 지킨 '봉황성(安市城)'이 있다. 고구려말론 봉황을 '안시(安市)'라고 했으며,[47] 신라어론 '아시(阿尸, asi)'라고 했다. 황윤석(黃胤錫)의 '화음방언자의해(華音方言字義解)'에서 '아시(阿尸)'는 신라어 봉황(鳳凰), 서유문(徐有聞)의 『무오연행록(戊午燕行錄)』에서도 고려어 안시(安市)는 봉황을, 박지원의 『열하일기(熱河日記)』에서도 고구려어 안시(安市)가 "고구려에서 큰 새를 안시(安市)라고 한다"고 적고 있다.[48] 북한어 사전에서도 "1. 아시: 봉황을 달리 이르는 말"이라고 되어 있다. 삼국사기에는 함안을 아시랑국(阿尸良國) 혹은 아시랑가야(阿尸良伽倻)로 표기하고 있다.

물론 고려말 '아시'는 '처음(初)', '첫 번째(第一)'로, '아시 빨래' 혹은 '아시 논 메기'는 오늘날에도 사용하고 있다. 일본어 '아다라시(あたらしい)'는 '새롭다'라는 뜻도 있으나, '애석하다'라는 형용사로도 사용하기에 일본어는 '아타라시(あたらしい)'라는 새롭다는 말은 견강부회(牽强附會)에 지나지 않는다. 칠곡읍지(漆谷邑誌)에서 아시골에는 수사 황진문이 살았던 안양동(哦詩洞水使黃震文居之安養洞)이라고 적혀 있다.

영봉(靈峰): '신령스러운 산봉우리(靈峯)'라는 의미로 『객사』 소설에서는 '영봉 옥녀봉', '영봉 말산', '영봉 제비산' 혹은 '영봉 천망대'라는 표현을 쓰고 있다. 고향산천에 대한 애향심을 부여한 표현으로

볼 수 있으며, 읽는 독자로 하여금 영감을 자아내게 함도 숨은 의도였다.

옥녀봉(玉女峰): 우방아파트 혹은 성당 뒷산 혹은 칠곡향교 대성전 뒤쪽 산봉우리(명봉산 남쪽 봉우리)로, 옥녀봉은 우리나라 전국에 산재되어 있는데, i) 향교 혹은 관청이 있는 인근 산에 옥녀봉은 가렴주구(苛斂誅求)나 인륜망각(人倫忘却)을 경고하는 의미로[49], ii) 천재(天災)와 인재(人災)를 지켜주는 수호산신으로, iii) 효행, 정절 및 근친상간 등의 권선징악을 위하며, iv) 풍수지리설에 의한 옥산(남근)과 옥녀봉(여근)으로 음양 조화를 위해서 인위적으로 지었다.

 1998년 12월 28일에 중앙고속도로 건설에 옥녀봉 기슭에 산이 무너지는 사건이 발생[50]했다. 어릴 때 정월 대보름날 망월 깡통 불 싸움했던 곳이다. 산이 몽실몽실 통통한 처녀(옥녀) 젖가슴과 같다고 해서 옥녀봉이라고 했다는 호색꾼의 이야기도 있다. 등 뒤에선 플레이보이(play boy)의 웃음소리는 껄껄(girl girl)하게 들린다.

 특히 칠곡초등학교 교가(校歌)에서 이런 부분이 있다. "i) 팔공산 장한 줄기 병풍을 삼고, 기름진 팔거들에 자리 잡은 이름도 아름답다. 칠곡이라네. 모여라. 배움의 터 우리 칠곡교, ii) 구수산 옥녀봉이 지키는 곳 역사도 깊고 깊은 우리의 모교, 이름도 아름답다. 칠곡이라네. 모여라. 배움의 터

우리 칠곡교."

　조금은 고리타분한 이야기를 한다면, 1832년에 편찬된 『칠곡지(漆谷誌)』에서는 "옥녀봉(玉女峰)은 향교 뒷산으로, 맞은편 독모성(獨母城, 八莒山城)과 더불어 전후좌우 산봉우리들이 기이하고 수려하게 만들고 있어 칠곡도호부의 주산(主山)이고 안산(案山)이 되고 있다(前後相對峰 巒峭拔奇秀, 爲府址主案)."[51]라고 적고 있다.

외내고개(外川峴): 물길은 도덕봉에서 흘러내린 반포천(反哺川)이 국우동으로 흘러 내린다. 한편 사람들의 길은 조피골에서 웃내새(上川西)로 들어오는데 학정동 북쪽에 있었던 고개로 '반포천 밖의 고개(外川峴)'라는 뜻으로, '외내고개'라고 했다. "학정동 뒤의 외내고개를 넘어오는데 숨이 차고 허기가 져서 꼼짝할 수가 없었다(하권, 235면)." 지문의 내용은 오늘날 지명으로 도남동(조피골)~학정동(솔밭마을)~국우동(외내고개)~동천동(웃내새)으로 이동했다는 의미가 된다.

장태실(場泰室): 칠곡문화원 2002년 재간행한『칠곡지(漆谷誌)』에서 장태곡(長台谷)으로 표기하고 있으며, 현 위치로는 팔달동에 해당하며, 옛날 팔달나루터를 통한 보수상의 상거래로 물산들이 활발한 장시가 형성되었기에 시장·터 마을(場泰室)이라는 뜻으로 사용했다.[52, 53] 태실이라는 산명에서 역대 국왕의 태실(胎室)이 묻혀있을 가능성이 있어서 서지학적인 조사도 필요하다.

절골 혹은 불당골(佛堂골): 신라 호국불교의 영향을 받아서 중악 혹은 공산에 사찰이 집중적으로 많이 건립되었다. 선덕여왕이 삼한일통의 봉선을 받은 630년경 부인사, 동화사, 파계사, 갓바위 석불을 만들고자 의현 스님이 거주했던 선본사, 신문왕이 천도를 위해 친히 왕림했던 마정계사(摩頂溪寺, 오늘날 송림사)를 비롯하여 주변에 많았다.

팔거리(칠곡)에도 전설과 절터가 남아있는 아시골 안양사, 양지마을 관음사, 특히 구암동 고분군 옆 운암지가 있는 골짜기는 현재도 4개의 사찰이 있으나 통일신라 시대는 더 많았기에 절골(寺谷) 혹은 불당골(佛堂谷)이라고 했다.

제비산(燕山): 위치는 옥녀봉 아래 향교의 좌후산이며, 시계 반대 방향으로 주변 산은 나박산-안정봉-제비산-옥녀봉-말산 등이 있다. 천망대의 좌측 날개가 되고 있다. 향교 북쪽 산을 제비산이라고 이름을 지은 것에는 도덕(윤리)적인 가르침을 주고자 했다. 향교(남)-옥녀봉(북)-제비산(동)-말산

(서)이란 4방의 수호신으로 지역주민의 안녕과 삼강오륜을 비롯한 윤리도덕에 4개의 기둥 역할을 담당했다.

향교는 유생뿐만 아니라 지역주민들에게 실천궁행(實踐躬行), 옥녀봉은 삼강오륜과 정절(貞節), 제비산은 보은(報恩)은 못 하더라도 배은망덕(背恩忘德)은 하지 말라고 경계와 선행(善行), 말산은 인생만사새옹지마(人生萬事塞翁之馬)라는 철학적 본질을 심어 주었다.

조피골(粟稷㐭): 오늘날 도남동의 골짜기를 칭하며, 도덕봉 아래 산기슭이라서 밭농사가 대부분이라 기근 식량이었던 조와 피를 주로 경작하여 외부에선 조피골(粟稷谷)이라고 했다. 한자로는 속직계(粟稷溪), 속직곡(粟稷谷)이라고도 표기했다. 2002년 재출판한『객사』(하권, 366면, 영림카디널. 2002.

10. 31.)에서 "조피골 입구에 군부대(50사단)가 들어서서…"라고 상전벽해를 작가는 소회(所懷)했다.

오늘날 조피골이란 지명이 남아있는 곳으로는 경남 함평군 대동면에도 조피골, 경기도 오산시 조피골, 경북 영양군 청기면 덕원리를 조피골 등으로 전국에 많이 남아있다. 한편 혼동하기 쉬운 피골(血溪)을 6·25 전쟁으로 혈투를 했던 산골짜기를 호칭하고 있다. 경주 안강읍 청령리에서 청평2지, 청평1지를 지나고 조피골 고개 (161m/sl)가 있는데, 등산로론 경주 안강읍 도통산(198.4m)-
두지봉(276m)-조피골 고개(161m)-황수등산(305.3m) 길이 있다.

『객사』 소설에선 "주요 산물로 조와 피가 대부분 차지하며, 조와 피 본 고장이라는 뜻에서 마을 이름조차 조피골이라고 부르는 곳이다(하권, 13면). 새댁으로 시집와서 시

어머니가 될 때까지 쌀밥 세 그릇 먹었다는 아낙네는 복 받은 거라고 모두들 부러워하는 그런 곳이다(하권, 13면)." 소설에선 도남동 3개의 골짜기를 상피골, 중피골, 조피골로 나눠 언급하고 있다. "향교 뒷산 너머 깊은 산골 마을 조피골은 아직도 안녕하지 못하는 마을인가? 들이 없어 논농사를 작파하고, 땅이 척박하여 조와 피만 무성하게 자란다는 조피골. 쌀은 구경도 못 하고 경우에 따라 조와 피 같은 잡곡 농사만 생계를 잇고, 배를 겨우 채우며, 누렇게 부황(浮黃)이 든 모습이 아직도 떠오르는 것도 아마도 지명에서 유래된 것이다."[54]

주자미 혹은 주잠(駐暫): 질마당에서 동남쪽 끝부분에 있었던 마방(馬房) 혹은 말을 매어놓고 잠시 휴식을 하거나 말먹이를 먹였던 곳이다. 선비들은 말을 매어놓고, 다과를 나누면서 한담을 나누기도 했다. 송나라 투자의청(投子義靑, 1032~1083)의 『게송(偈頌)』에도 "오랜 바위에 이끼가 한가하고 서늘한 기운이 사립문에까지 흐리니. 나는 새는 놀라 피하고, 길짐승은 길을 잃는구먼(飛者警危走者迷). 밤 깊고 날 추워 강섶에서 화톳불을 밝히니. 새벽인 줄이야 안 고기잡이꾼 마음이야 분주하니 저 스스로 어리석다는 걸 알겠다네."[55]라는 "세월마저 자취 없이 달아나고 없는 곳이다(走者迷)."라는 말도 남아 있다.

질마당(長路): 오늘날 경북대병원~국우터널 앞실과 50사단 남문 길~국우터널 사이에 있었던 길쭉한 길을 말했다. 칠곡부(읍)지에선 '길마당(吉馬堂, 長路)'으로 표기하고 있다. 일명 '질다(長)'는 의미로 봐서 '진 마당(路)'으로 주장하는 사람도 있다. 같은 맥락에서 대구 시내에 '진 골목(긴 골목)'처럼 질

(길)이란 질다(길다, 長)는 의미와 마당(터, 길목)이 합친 말이다. 오늘날 '질마당(廣場)'에는 갈비 혹은 돼지고기 식당 명칭으로 '질마당 갈비' 등으로 상표 등록을 해서 전국적으로 많은 연쇄점이 있다.

창마당(倉里): 칠곡초등학교와 칠곡교회 뒤편을 지칭한다는 주장과 구수산 궁성듬(덤이)에 있는 구사창(舊社倉)과 창고마당을 말한다는 주장이 있다. 조창(漕倉)이나 강창(江倉)은 물길을 이용해서 한성으로 이동해야 하기에 물길이 좋은 강변에 위치하고 있다. 그러나 군창(軍倉)은 적군의 기습에 대비해서 물길 침투가 어려운 곳에 설치했다. 임진왜란 당시에 이곳 팔거현에는 대명지원군 총병 유정의 1만 명의 병영과 조선군 대명지원병력이 팔거천을 이용한 군수 병참용 창고가 있었던 곳이다. 여기서 군창이 들어선 이유는 궁성정(弓城亭)이라는 모 관찰사[56]가

읍내들을 궁성형국의 전략요새지로 평가했다는 일화에 기인하고 있다(『대구 북구 마을지』, 291면).

천망대(千望臺): 고평들 6,000여 평을 이용해서 2,000여 평 위에다가 신사(神社)가 세워졌다. 천망대라는 명칭은 성황당(城隍堂) 옆 즉 향교와 객사 위에서 아래를 관망(통치)한다는 의미였다. 옥녀봉 아래 천망대(千望臺)에서 신사를 설치하며, 안영준 대목수가 소랫골 벌채권을 약속받았다.

그러나 향교에 터전을 둔 양반들이 이를 극구반대했으며, "내 같으면 신사에 모가지를 매달아서 축 늘어져 죽어뿌다. 천조대신인지 아마테라스 오미카미(あまてらすおおみかみ)인지는 신위에 똥칠을 해 놓고서 말기데이…. (상권, 274~275면)"라고 악다구니(惡談)를 하는 인달의 말이 현실로 나타났다.

사실, 신사에 모시는 아마테라스 오미카미(天照

大神)는 삼국유사에서 신라 영일만에 살았던 연오랑과 세오녀 부부가 157년에 일본에 가 천조대신이 되었다. 오늘날 일본에서 세오녀를 부르는 '아지매(阿知女)'라는 신라말이 초혼문(강신문)이나 진혼가(鎭魂歌)에서 나오고 있다.

이런 삼국유사의 기록을 숙지하고 있던 작가 이태원은 일본 사람들의 '속 뒤집는 소리'인 영달의 진혼을 위해 천조대신을 영달이로 교체하는 재치를 보였다. 일본 국가의 정체성과 신화까지를 뒤흔들어대는 일대 사건이었다. 만약 인정한다면 '영달이 아지매, 영달이 아지매'로 강신문(降神文)을 읽어야 할 판국이었다. 참으로 박식다식(博學多識)한 이태원 작가가 아니고선 불가능한 반전

(反轉)이었다.

좀 깊이 설명하면, 천망대(千望臺)란 천세 만세 앞만 바라보라는 뜻이다. 사실 이 표현은, 일본의 애국가 '기미가요(君きみが代よ)'에서 "(님의 치세는) 천세 팔 천세까지 작은 돌이 자라 바위가 될 때까지(千代に八千代に さざれ石の 巖となりて)"를 희롱하는 표현이다. 동양에선 황제국가만 '만세(萬歲)'라고 했으며, 제후국은 '천세(千歲)'라고 했다. 일본은 천세라고 하는데, 우리나라는 대한제국으로 고종 황제가 등극하고부터 '대한민국 만세'라고 한다는 일본에 대한 놀림을 담았다.

사실 그곳 천망대는 말산이라고 했으며, 위치는 향교 혹은 칠곡중학교의 뒤편에 있었다. '천망대 육천 평' 혹은 "사또(齊藤)라는 위선 교육자는 읍내의 불한당들과 어울려서 천망대 영봉(靈峰)을 핵교 부지와 실습림으로 넘겨주지 않으면 강점하겠다고

…." 엄포까지 놓았다.

청석골(靑石흘, 구들삐골): 오늘날 읍내동에서 작은 아시골(공동묘지)로 들어가는 입구를 청석골이라고 했다. 인근 청석골은 노곡동 안(함지산)쪽 청석골, 연경동 청석골 및 지천 낙산리에서 청석골과 돌고개(石峴)가 있었다. 소설의 주인공은 판돌이네 가족이 가산 남창골에서 살았던 가산의 기슭에도 청석골이 있다.

가산바위(269㎡ 정도 마당바위)는 암질 명칭은 서민들이 청석(靑石)[57]이라고 하는 셰일(shale)이다. 청석은 바로 판석 혹은 구들삐(경상도 사투리, 구들)를 뜨기에 적합하다. 가장 많이 나오는 곳은 동명과 칠곡의 경계선에서 많이 산출되었다.[58] 나박산(懦薄山) 인근에 구들장용 판석이 많이 생산되었고, 아시골에서도 많이 산출되었다.[59] "청석골의 덕분이를 아내로 맞아 아버지 어머니의 며느리로 일손을 댈 수 있었다(상권 119면)."라는 표현이 『객사』에 나온다. "향교 늪지대…. 혹시 청석골로 갔나? 그리고 가봤다(상권, 210면)." 선비들에게 문방사우(文房四友) 가운데 하나인 벼루(硯)를 청석으로 만든다. 청석벼루는 갈아놓은 먹물이 잘 마르지 않아 선비들이 그렇게 선호했다.

초당방(草堂房): 시골에서 '꼴꾼들의 사랑방'이라는 한자표현이다. 머슴들이 저녁에 모여서 농사 정보를 교환하고, 너슴살이 마름을 결성하는 데 긴요한 정보와 일자리를 연결하는 쉼터다. 『객사』 소설에선 "장사공 집의 행랑채에 박혀있는 초당방으로 찾아갔다…. 그곳에는 새끼머슴, 꼴머슴 등이 잠을 자고 있었다(상권, 215면)."라고 표현하고 있다.

칠곡향교(漆谷鄕校)[60]: 기록상으로 인조 20년(1642)에 칠곡향교(읍내동 600번지 칠곡중앙대로 59)가 건립되었다. 태조 7년(1398), 태종 7년(1413)에 '1향 1교' 원칙에 따라 전국에 327개소에 향교가 세워졌다. 당시 칠곡은 고려 때부터 팔거현으로 군현읍치를 했기에 이곳에도 세워졌다. 태조 7년(1398)에 대구, 광주, 나주, 익산 등 향교와 동시에 건립되었다. 칠곡향교도 당시에 세워졌다고 볼 수 있다.

사실, 칠곡은 고려 시대 1018년에 팔거(리)현으로 승격했기 때문이다. 늦어도 i) 1398년 대구현에 향교가 설립된 것으로 봐서 같은 현(縣)인 칠곡(八筥)향교도 응당 설립되어야 했다. ii) 향교는 고을의 규모에 따라서 대설위(大設位), 중설위(中設位), 소설위(小設位)로 구분되는데, 대구향교는 소설위(小設位), 칠곡향교는 중설위(中設位)로 봐서 소설위에서 승급되었다는 추정이 가능하다. 그러

향교의 어제와 내일

지방관학
- 수년사록의 편학진흥
- 유진교육 선언

성균관
- 서경, 內人材는 未就 최의[送]는 것은

성균관과 한성4학
- 중앙집권적 교육
- 성균관 → 과판 직결
- 초기: 과거급제자들을 많이 배출
  → 후기: 자체 교판 큰 장유

세종때 329개 향교
- 대부분, 부·목·군·현
- 일은 향교
- 1910년까지 300개

향교의 쇠퇴
- 교판의 자취 승급
  ▷ 향중 > 교생
- 군역 면제 → 교생의 증가
- 판과중인 사무 (사립학교)
  ▷ 향교의 교생 모욕
  ▷ 사림 발전: 붕당계 과거
- 대원군 서원철폐정책 영향

향교의 미래
- 지방관학의 수명
- 지역사회 대학 (Community college)
  ▷ 평생교육, 부는 學끼리 生에뿐
  ▷ Lifelong Education, John Dewey
- Scandinavian Nations: 60% 학생의 4세 이상, 하이델베르크 나이별 학생

下馬碑

나 팔거역사문화연구회 2019년 발간된 『대구 북구 마을지』와[61], 칠곡향교 홈페이지(chilgokhyanggyo.org)에서 배종찬(裵宗燦) 전교(典校)는 인사말에 "태조 7년(1368)에 창건된 것으로 추정되나 기록은 남아있지 않고, 현 위치에서는 임오년(1642)에 창건된 것으로 기록되어 있습니다."[62]라고 하며, 문화재청 국가문화유산 포털사이트(heritage.go.kr)에서도 같은 주장을 하고 있다.

현재 전국 234개의 현존하는 향교 가운데 2018년 칠곡향교가 전통문화체험관(傳統文化體驗館)을 최초로 개설하였다. 『객사』 소설에서 "향교의 정기(精氣)뿐만 아니라, 읍내의 정기(精氣)가 서렸고, 생명의 근원인 셈이니까. 누구도 범하지 못하게 미리 막고 살피거나, 그게 상책이 아니겠나…. 행교나 읍내를 지켜주시는 수호신이 계신 곳이 아닌가? 향교는 정신의 지주요. 뒷산은 흥망의 원천일세."

라고 적고 있다.

향교의 북편(후면)에 배치한 종묘(향사)를 위한 대성전(大成殿)과 동·서무(東西廡)가 있고, 전면에 배치된 경학 시설인 명륜당(明倫堂)이 있다. 이런 배치를 전학후묘(前學後廟)라고 한다. 유생들의 편의시설인 좌위재(左位齋)와 우위재(右位齋)가 있고, 각종 창고인 문서고(文書庫), 물치고(物置庫), 장판각(藏板閣)이란 건물이 있다. 전위(삼)문, 중위(삼문)문 혹은 후위(삼)문 등의 출입문이 있고, 은행나무 아래 강습시설이 있는 행단(杏壇)이 있다. 마지막으로 "지혜로운 사람은 물을 좋아하고(知者樂水), 어진 사람을 산을 좋아한다(仁者樂山)."[63]라는 철학

에 따라 앞엔 연당이나 개울(八莒川)을 접하고, 뒤 산(背山)을 등진다. 일반적인 배산임수(背山水)의 섭리를 따랐다.

칠곡(柒谷) 혹은 팔거(八莒): 신라 시대 팔거리(八居里)라고 했으며, 경북대학교 주보돈(주보돈, 1953년생)[64] 교수는 신라 시대 지명에다가 '리(里)'를 표시하는 것으로 봐서 이곳에다가 신라가 천도를 구상했다고 주장했다.

고려 시대 팔거리현(八居里縣)으로 승격되어 오늘날 국우동에 현관아가 있었다는 주장도 있다. 고려 중기에 팔거리의 '거(居)'를 식량인 감자 '거(莒)'로 변천했다. 또한, 지역 명칭을 칠곡(柒谷) 혹은 가산(架山), 기성(箕城), 거성(莒城)이란 별칭으로 불렸다(『칠곡부읍지』, 1872).

팔거(八莒)로, 즉 살 거(居) 자에서 감자(뚱딴지 혹은 돼지감자) 거(苣)로 변경된 연유에 대해 i) 고려 중기에 원나라의 간섭과 사대주의가 팽배하여 중국 고대 '거국(苣國)'[65]에서 '8개의 거국(八介之苣國)'의 의미로 팔거(八苣)를 사용했다는 설, ii) 고려 중기의 가뭄, 전쟁, 천재지변으로 인하여 가산 기슭의 이곳에서는 구황식물로 감자를 많이 생산했다. iii) 가산 골짜기에서 흘러내린 부엽토(腐葉土)가 팔거천 둔치에 쌓여 자연산 돼지감자가 풍작을 이뤄 배고픔이 찾아오지 않았기에 '팔거천 변 뚱딴지 혹은 돼지감자(八居川邊之亥苣)'에서 '팔거(八苣)'가 생겨났다고. 또한, iv) 가산산성에서 칠곡을 보면 8개 골짜기가 감자모양이라서 팔거(八苣)라고 했다는 주장도 있다.

　임진왜란 당시 명군총병(明軍摠兵) 유정(劉綎)은 선조에게 "(왜군의 후퇴와 보급선을 차단할 수 있는 천혜 요새로) 이곳에 진영을 설치하여 승리할 수 있는 곳으로 천하에서 최고다(設陣得勝,此處最高)."라고 상소했다. 그래서 이곳에 명군 1만 명을 주둔시켰다. 당시 칠곡의 번성을 이야기한 건, 광주 이씨 칠곡파였던 이윤후(潤雨, 1569~1634), 이도장(李道長, 1603~1644), 이원정(李元禎, 1622~1680), 이담명(李聃明, 1646~1701)으로 세거지의 기반을 다졌다. 이담명이 4(1680~1684)년간 영주(榮州) 금강리(金剛里)에서 농사를 지으면서 기록했던 『농사일록(農事日錄)』에선 임진왜란과 병자호란을 겪으면서 이곳 양반(士族)들이 황무지를 개간했으며, 낙동강 어염 선박을 활용해 장사까지 했으며, 사회경제적 기반을 구축했다고 적고 있다.

판돌이네 가족의 무덤: 판돌이네 가족이 황보관의 문중산 아시골의 공동묘지에 무덤을 쓸 수 있었던 배경에는 영천(신령)에서 황보관이 관직에 나

갈 수 있게끔 후원했던 최봉익과 김현순의 집안의 원려(遠慮)였다. 자세한 내용을 소설에서 밝히지 않았으나, 밀양 부시와 관찰사까지 입신양명하고 고향 칠곡에서 향교를 관리하는 잔반(殘班)으로 기반을 유지할 수 있었다.

 판돌이네 가족의 죽음을 보면 한 명도 자연사(自然死)를 하지 못했다. 영달이는 신사에 목매어 죽었고, 판돌이는 일경의 고문에 만신창이가 되었기에 스스로 칼로 자기 목을 찌르고, 배를 갈라 자살했다. 중달이는 생쌀을 많이 먹었다가 뱃속에 불어 터지는 바람에 배가 터져 죽었다. 벽순이는 3개월간 고문에 귀도 눈도 멀었기에 천방지축 자식들을 이름을 외치면서 팔거천을 헤매다가 익사했다. 대달이까지도 일본인 지주에게 타살되어 던져져 팔거천 장마 빗물에 휩쓸려서 죽었다.

이들 모두가 황보관이 선심 쓰는 바람에 공동묘지에 평온하게 영면에 들 수 있었다. 그들이 영면에 들었던 공동묘지는 영봉 옥녀봉이 지켜주고, 봄철 제비산(燕飛山)에 강남 제비가 날아들고, 길흉사의 소식을 전하는 고평역과 생전에 터전이었던 객사까지 볼 수 있는 명당이었다. 특히 향교를 수호신처럼 지켜주겠다는 벽순이의 애환이 오늘도

전해지고 있다.

　한편 2002년 영림카디널 출판사와 계약하여 개정(재출)판을 내놓기 전에 독자들이 전 가족을 전멸시키다시피 표현함은 지나친 잔인함이라고 해서 대달과 중달을 살려내어 향교마에서 살다가 공동묘지 사토장(莎土匠)으로 생계를 유지하게 했다. 온 가족이 야반도주(夜間逃走)라는 비도덕성에 대해서도 안 목수를 허 목수로 교체하고, 향교 은행나무를 베다가 득병사(得病死)한 것으로, 순달이는 식모살이에서 행상인(보따리장사)으로, 소달이는 야반도주에서 다시 돌아와서 향교마을에 살아가는 것으로 다시 썼다.

팔거산성(八莒山城): '노곡동 산1-1번지 산성(魯谷

洞山城)'이라고 하는데, 1988년도 대구광역시 기념물 제6호로 지정되었다. 신라 때에는 독물성(禿勿城)이라 하였고 고려 시대 팔거리현(八居里縣)에 있었다. 조선 시대에는 이 지역을 팔거현(八莒縣)이라 하였기 때문에 이 산성을 팔거산성(八莒山城)이라 부르게 되었다.[66] 노곡동에서는 '관니산성(冠尼山城)'이라고 한다.

또 산의 모양이 함지박과 같다고 하여 '함지산성(咸池山城)', '방티산성(方地山城)'이라고도 한다. 조선 시대에는 칠곡과 상주를 거쳐 한양을 향하는 교통로에 이 성곽이 위치하고 있었다. 성안은 분지 형태의 오목하게 생긴 평탄한 지형이어서 군사가 주둔하기에 편한, 반면 성 바깥은 노곡동 쪽만 완경사이고 나머지는 30°이상의 급경사 요새다. 성곽의 동쪽 성벽은 능선 정상을 따라 쌓았고, 서쪽 성벽은 바깥쪽 둘레의 사면에 돌과 흙을 이용

한 편축법(片築法)으로 축조하였다. 성안에는 많은 양의 삼국시대 토기 편이 발견되는 점으로 보아 5~6세기경의 성곽으로 추정된다. 2020년 우물에서 목간 11점과 2021년에 5점을 추가 발견했다. 목간에 절대연도를 알 수 있는 임술(壬戌, 602)년과 병인(丙寅, 606)년의 간지가 써 있었다.

팔거천(八莒川): "팔거들을 가로지르며 마을 곡창을 적셔주는 팔거천은 칠곡 사람들의 젖줄이었고, 생명줄이었다. 매년 칠팔월 장맛비에 누런 황톳물을 씻어 날라 소작 농부들의 가슴을 졸이기도 했지만, 한편으로는 빨래하고 팔거들에서 재배한 채소를 씻어 장터에 내다 팔았던 고마운 강이다. 동명면 "낮

에도 닭이 밤으로 알고 운다."라는 오계산(午鷄山, 446.3m)에서 발원한 팔거천은 칠곡 팔거들로 실핏줄처럼 흘러 골고루 영양분을 실어 나르고 대구의 고운 금 비단 물길이 흐르는 금호강에 이르러 16km의 장정을 마친 뒤, 마지막으로 낙동강 하상의 모래톱을 씻으며, 바다로 흘러갔다."[67]

아쉬운 옛날 말씀을 드리면, "옛날엔 금호강 절벽에서 태봉 앞까지 팔거천 섶에는 모두 수양버들 나무가 심어져서 낮에 해를 가려질 정도로 (무성했으나), 임진왜란 뒤에는 사라지고 여태까지 복구되지 않고 있다."[68]

하마비(下馬碑): 태조 13년(1413) 종묘, 향교 등에 근엄함을 주고자 정1품은 10보, 3품 이하 20보, 7품 이하는 30보 앞에 말에서 내려 들어가도록 지정해 하마비를 설치했다.

한양 왕실 종묘에선 "대소 관리는 이곳을 지날 때는 모두 말에서 내려라(大小官吏過此者皆下馬)."라고, 양천향교에서 "정3품(堂上官) 이하는 이곳에서 말에 내려라(大小人員皆下馬)."라고 적혀 있다.

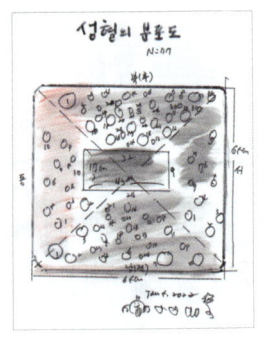

경상감영 공원에 "절도사 이하 모두 말에서 내려라(節度使以下皆下馬)."라고 하마비가 설치되어 있다. 소설에 나오는 하마비는 아마도 향교 앞에 설치된 것으로 보이며, 칠곡도호부 자리에서 하마비가 있었다면 "부사(附使) 이하 모두 말에서 내리시오(府使以下皆下馬)."로 적혀 있었을 것이다. 그러나 칠곡향교에서는 '하마비(下馬碑)' 3자만 적혀 있다.

소설에서는 '변화하는 시대 상황에 전통과 인륜

을 지키고자 하는 소품'으로 등장하고 있다. 1960년대 어릴 때 자전거(鐵驢, 쇠당나귀)를 타고 길을 가다가 동네 어른들을 만나면 자전거에서 내려서 인사를 하고 다시 타고 갔다. 일종의 하마비 인습이었다.

칠곡향교 앞 큰 길섶에 설치했다가, 명륜당 앞 서측에 현재 동측 위치로 수차례 옮겼다. 상단하장형(上短下長) 혹은 두단각장(頭短脚長)의 비신(碑身)으로 봐서 17세기의 전형적 비석이다. 성혈이 마치 귀갑문(龜甲文)을 연상시키는 받침돌을 좌대로 사용했다[69]. "하마비 임오년삼월일립(下馬碑, 壬午年 三月日立)"이라는 새김으로 봐선 1642년 3월에 세웠다.

최근 하마비 좌대(받침돌)의 성혈(性穴, cup mark)에 대해 i) 성혈이 있는 고인돌을 받침돌로 사용했기에 청동기시대의 암각화로 봄과[70] ii) 하마비를 세운 뒤에서 지역주민들이 '말 타고 벼슬하는 자식(騎馬官子)'을 기원하고자 숟가락 같은 쇠붙이로 치성을 들린 흔적(致誠痕迹)으로 봄이 양립하고 있다.

학정골(鶴亭洞): 속칭 행정골이라고도 하며, 동네 배산이 학익산(鶴翼山)이라고 했으며, 그 아래 못을 정지(亭池)라고 했는데 이를 줄여서 학정리하고 했다.[71] 즉 '청송을 그리워서 날아드는 백학(白鶴)을 벗 삼아 즐기고 살 수 있는 정자마을'이라는 뜻으로 마을 이름(名)을 지었다. 팔거천에 놀고 있던 백학들이 저녁이 찾아드는 '청송백학의 길지(靑松白鶴之吉地)'을 자랑했다. 명실상부하게 학정동엔 오늘날까지 솔밭을 가꾸고 있다. 이곳에서 향교를 보살피던 한때 밀양 부사와 관찰사를 역임했던 황보관이 살았던 반촌이다. 『객사』 소설에서 "햇살을 받은 학의 날개가 함께 눈부시고 있었다(상권, 228

면)."라는 표현도 있다. 황보관(68세)이 거주하고 있는 곳, 치사(致仕, 공직 퇴임) 후에 고향인 칠곡에서 향교 관리와 지역 양반을 대표하고 있었다. 그는 향교 고지기 송판돌이보다 2살 위였다. 소설에서도 "유림과 양반들이 기거하여 위세를 떨쳤던 팔거천 북동쪽 학정골로 개발의 바람에 옛 모습은 간데없이 높은 아파트만 즐비한 곳."[72]이라 한다. 십 년이면 산천이 변하고 있었다.

한티재(大峴): 가산산성 왼쪽 오늘날 한티재(大峴)을 말한다. 신라어로 '한(크나)'과 '티(산, 고개)'가 합성된 한티 큰 고개를 강조하고자 '한티고개' 혹은 '한티재'로 칭했다. 이를 한자로는 대현(大峴)으로 표기했다. 유사한 명칭으로는 '한퇴재'가 있는데 칠곡 읍내와 지천으로 넘나드는 고개였다. 팔조령의 헐티재 등이 같은 사례다.

함지산(咸池山): 이 산 이름은 다양하게 방티(방통이 혹은 방팅이)산, 함지산, 관인산[73], 독모산, 관야산 등으로 불렸다. 함지산-방통산(네모난 통, 속칭 방티)-독모성(산)[74]에 관련해 고산자 김정호가 대동여지도(1861년)에 독모산(獨母山, 홀로 계신 어머니 산)이라고 새긴 사연에 대해서 절친 신헌(申櫶, 1810~1884)의 문집 『금당초고(琴堂初稿)』에서 관련 전설을 적고 있다. "옛날 옛적에 옥황상제가 지상에 가장 맛있고 맑은 물인 금호(琴湖) 물을 길어서 마실 물과 음식물로 사용하도록 하명했다. 그 명령을 받은 선녀는 함지박(네모난 통: 속칭 방티)에다가 칡 줄을 매어 두레박을 만들었다. 깊은 밤에 금호강 용왕도 모르게 살살 퍼 올려 몇 년을 공급했다. 그런데 어느 날 하늘에 있는 뭇별들이 금호 물속에 온통 쏟아져 있기에 그 황홀함에 넋을 놓고 말았다. 잠시 잠깐인데 두레박은 뒤집혀 함지산(咸池山)

이 되었다. 옥황상제는 그 선녀에게 죗값으로 8명의 아들을 낳게 했다. 그들은 하나같이 산신령이 되어 팔공산을 이뤘다. 그녀는 늙어서도 옛 금호를 지켜보면서 그리움에 잠겨있다."[75]라는 전설을 듣고 고산자 김정호(金正浩, 생몰년도 미상)는 함지산(咸池山)을 독모산(獨母山)이라고 했고, 신헌은 자신의 호를 금당(琴堂, 금호를 지켜보는 집)이라고 했다.

정재용[76] 장편소설 『빙이화(氷以花)』에선 "함지산(函芝山)에 걸린 태양이 길게 여운을 부렸다…. 금호 강변에 옹기종기 모인 아낙네들이 빨래를 하면서 두드리는 방망이 소리가 일제강점기 교련 교관이 부는 호각소리 같았다."[77]라는 표현을 하고 있다.

함지산의 또 다른 이름으로는 임진왜란 전에 도남에 정선전씨(旌善全氏)의 입향조(入鄕祖)로 들어와 정구(鄭逑)선생을 사사(士師)했던 전민연(全敏連, 1546~1615)은 임진왜란 때에 의병을 창의하여 곽재우 의병장과 첩보를 주고받으면서 칠곡 함지산에서 진을 쳤다. 이 함지산의 의병병영을 관인진(觀仁陣)이라고 자타가 칭했다. 당시 현장점검차 체찰사(體察使)로 왔던 류성룡(柳成龍)이 의병 관인진을 보고 "아름다움을 다했다(咸美)."라는 칭송을 했다. 그에 따라 함미진(咸美陣)이라고도 했다. 함지산을 함미산(咸美山)이라고까지 했다. 그 공으로 선조께선 통례원찬의(通禮院贊儀)를 제수했다.[78] 이에 대해서 다른 향토 사학자는 관인산(觀仁山)에 진을 친 것을 서애는 '함지(咸至)'라고 했다는 주장도 하고 있다.[79] 방티산이라는 명칭은 함지산뿐만 아니라, 사수동 뒷산 아미산(峨眉山, 柯亭山)을 가정리(柯亭里, 枝川蓮湖里納實)에서는 방티산이라고 한다.

향고마(교동, 교동골, 행교골, 행교마): 향교가 있는 동네를 일반적으로 교동(校洞)이라고 하며, 교동골, 교동마을, 향교마을 등을 속칭 행교골이라고도 한다. 이렇게 향교를 마을에서 지역 교육의 메카로 생각하고 다양하게 표현함에는 애향심을 감추지 않고 있다. 특히 '향(행)고마(鄕故村)'는 '향교(행교)+고향+마을'을 함축하고 있다.

"향교가 자리한 행고마에서 첫발을 딛는 순간 판돌이 일가는 향교의 웅장하고 초연한 모습과 향교의 뒤통수를 이루는 천망대(千望臺)의 언덕배기와 숲, 그것을 안고 품은 듯한 영봉(靈峯) 등성이의 용틀임. 그 뒤 우뚝 솟아 모든 것을 지키는 듯한 옥봉(玉峯, 옥녀봉)의 절묘하고 정기서린 용자에

감탄하고, 가위눌린 듯 입을 닫지 못한 채 우두커니 바라봤다(상권, 17면)."

행단(杏壇): 『장자(莊子)』 잡편(雜編)에서 "공자가 울창한 숲에서 노니다가 행단 위에 앉아 쉬고 있었다. 제자들은 글을 읽고 공자는 거문고를 타면 노래를 부르고 있었다(孔子遊乎緇帷之林, 休坐乎杏壇之上, 弟子讀書孔子弦歌鼓琴)."라는 구절이 행단(杏壇)의 효시(嚆矢)였다. 성균관에 은행나무는 중종 때 대사성 윤탁(尹倬, 1472~1534)이 성균관 명륜당 앞에 은행나무를 2그루 심었고, 이를 '문행(文杏)'이라고 했다. 문행에 대해 이규경(李圭景, 1788~1856)은 '오주연문장전산고'의 『행단변증설(杏壇辨證說)』에서 "행단에서 행자는 살구 행자가 아니라 문행(문행)이다(杏非桃杏之杏, 乃是文杏之杏)."라고 했으며, 겸재 정선(謙齋 鄭敾, 1676~1759)은 행단고슬도(杏壇鼓瑟圖)를 그렸다. 또한 1887년 지방화가 나능호(羅能浩)는 공자행단현가도(孔子杏壇絃歌圖)를 그렸다.

사실, 행단은 공자 생존 시에 있었던 것은 아니다. 한 명제(明帝)가 산동성 곡부현의 공자구택(孔子舊宅)을 방문한 기념으로 교수당(敎授堂)의 남은 터에 전(殿)을 세웠고, 송나라 건흥(建興, 1022)년에 대전(大殿)을 뒤로 옮겨 그 자리에 단을 쌓고 주변에 살구나무를 심었다. 이를 금나라 당회영(堂懷英, 명) 학사가 '행단(杏壇)'이라고 비문을 세운 것이 장자의 행단을 현실에 구현했다.

2015년 칠곡향교 유림들이 중국 산동성 곡부현 공자 사당인 공묘를 찾아가서 행단이 은행나무가 아닌 살구나무임을 두 눈으로 확인했다. 물론 조선 시대에서도 이규경(李圭景)은 살구나무가 아닌 성균관의 문행(文杏)이 은행이라고 행단(杏壇)에 행자를 은행으로 해석하라고 함에는 공묘의 행단이 살구나무(桃杏)라는 것을 이미 알고 있었다. 조선의 선비들이 한약명으로 살구씨 행인(杏仁)이고 은행알은 백과(白果)인 것을 몰랐을 리는 없다. "은행나무가 씨앗 행인(杏仁)을 가졌기에 공자님의 인의예지(仁義 智)를 상징하는 문행(杏有仁像, 丘聖仁樣)." 이라는 성균관에 여하한 흠집을 내지 않고자 했다. 오늘날까지 성균관, 향교, 서원 혹은 유교시설에 은행나무를 심었다. 결국은 오늘날 젊은이들에게 "고리타분함에서 은행나무와 유교가 같다."라는 비아냥을 면치 못하고 있다.

에필로그

소설에서 죽음이 말하는 건

죽음이란 '사건의 지평선(event horizon)'

『객사(客舍)』의 작가 이태원은 죽음을 일반적으로 생각했던 i) 소풍이나 부름(calling)을 받고 왔다가 마치고 되돌아간다는 귀천(歸天), 귀가(歸家) 혹은 소천(召天), ii) 40세 이상 되어 지천명(知天命)이란 '별로 태어남(生)'을 기반으로 저승 천왕이 있는 명왕성(冥王星)을 향해서 은하수 건너서 하늘나라로 간다는 동서양의 "며칠 후 며칠 후 요단강 건너서 만나리(찬송가, 태양보다 더 밝은 천국)."는 더욱 아니었다.

유교 장례의식에 발인제(發靷祭) 때에 발인축문의 "꽃상여를 타고 저승길을 가는데, 가는 곳은 천 년 잔디 집(幽宅, 청산 대궐)으로. 모든 걸 차려놓고 예의를 갖춰 영원한 이별을 고하고자 합니다. 그 길은 하늘 끝에 있을 법한데(靈輀旣駕, 往卽幽宅, 載陳遣禮, 永訣終天), …"라는 유교 관념과도 달랐다.

바로 작가는 죽음을 i) 오즈의 마법사(The Wizard of Oz) 혹은 ii) 사건의 지평선(Event Horizon)으로 생각하고 있었다. 즉 죽음을 '무지개 넘어(Over the Rainbow)'로 보고 있었다. "근심(걱정)이 레몬처럼 사라지고, 굴뚝 위로 어디선가 나를 찾을 수 있는 곳(Where troubles melt like lemon drops, Away above the chimney tops, That's where you'll find me)."을 찾아가는 것으로 봤다.

오늘날 물리학에서 현실 세계는 시간과 공간(space and time)이 분리되어 있어 착오도 없이 흘러간다. 그러나 '사건의 지평선(event horizon)' 너머엔 '고장 난 벽시계'처럼 시공(時空, spacetime)이 일치해지고 엿가락처럼 무한하게 늘어난다. 물리적 용어론 무한곡률이 적용된다.

마치 가수 윤하가 부르던 "생각이 많은 건 말이야. 당연히 해야 할 일이야 …. 설렘보다 커다란

에필로그

믿음이 담겨서 난 함박웃음을 지었지만 울음이 날 것도 같았어…. 저기, 사라진 별의 자리. 아스라이 하얀 빛. 한동안은 꺼내 볼 수 있을 거야. 아낌없이 반짝인 시간은 조금씩 옅어져 가더라도."는 가사가 가슴에 와닿는다.

객사 소설에서 죽음은 단순한 사업(인생)의 진행을 끝장내는 종결(終決)에서 벗어나, i) 결백(무죄, 잘못 짚었음, 과오), ii) 뒤집기 능욕(희롱 혹은 모욕), iii) 새로운 탈출구(새로운 계기, 시작점, 혹은 출발점 제공), iv) 삶의 목적달성(해원, 원망 해소, 화해, 용서 등), v) 상대방의 역공(사건의 왜곡, 오해 유발, 출구 봉쇄, 절망감 제공, 여론 반전), vi) 자성 촉구 혹은 방향 수정 등을 유도하기 위한 '사건의 지평선(Event Horizon)'으로 혹은 '오즈의 마법사(The Wizard of Oz)'로 사용했다. 안 목수의 부일행동(附日行動)을 중단시키고 자성을 촉구하기 위해서 어린아이들 2명을 화마에

희생시켰으며, 아내마저 신사 대들보에 목매달아 죽게 했다. 그때야 비로소 소랫골 벌체권도 미끼였다는 사실과 온 가족에 부일세력으로 몰려 온갖 고생을 하고 있다는 사실을 느끼게 했다. 그들의 죽음을 헛되지 않게 역이용해 항일행동으로 반전의 방아쇠로 작동했다. 즉, 아내 영달의 위패를 아마테라스 오카미(天照大神)의 위패 뒤에 숨겨서 일본인들의 신사참배를 받는 능욕을 일본 제국에게 고스란히 되돌려 줬다.

송판돌이(宋板乭伊)는 일본 경찰의 비인간적인 고문에도 굴복하지 않았으며, 억울함을 참지 못하고 무죄결백을 주장하는 자결을 택했다. 일본 경찰의 잔인성에 맞대결이라도 하듯이 자신의 몸을 찌르고 배를 갈라 할복자결(割腹自決) 했다.

소설의 주인공 김벽순은 석달 동안 일본 경부(警部)에게 고문을 받아 온몸이 빈틈없이 만신창이(滿

身瘙瘽)가 되었으며, 귀멀고 눈멀었지만 혼줄만을 놓지 않고서 무의식 속에서도 결백을 주장했다. 그래도 어머니의 마음만으로 "달아~ 인달아~ 막달아~ 작은 달아~, 순달아~ 영달아~ 와 대답이 없노! 응이(하권, 292면 그리고 294면)?" 자식 이름을 외치면서 장맛비가 흐르는 팔거천을 헤매다가 물에 빠져 죽고 말았다. 끝내 가족들에게 원한만을 남기지 않고자 금호강 입구 팔거천 변에서 발견되었다. 판돌이네 가족 공동묘지에 묻혀 성묘를 오는 가족과 황보관네 가족 간의 화해와 향교를 중심으로 한 양반들에게 자성을 촉구하는 계기를 마련했다.

"사람이 태어나서 험난한 세파 헤쳐가면서 원한 없이 살아가는 기 얼마나 어렵다고? 가진 거 없이 맨몸으로 그 몸을 믿어가면서 산다는 거 얼마나 어려운교(하권, 310~311면)?" 그리고 "벽순이처럼 맨

몸뚱이로 원 없이 살며 두려움 없는 한 생을 보낼 수 있을 것으로 믿었다(하권, 309면)."라고 황보관이 벽순이의 무덤 앞에서 삶을 평가(蓋棺錄)했다.

대달이와 중달의 죽음은 그렇게 바라던 자신의 소원을 달성하고 죽었다. '땅~ 땅~'에 포원이 졌다는 대달이는 일본인 과수원 주인의 땅(논)을 사고자 했으나 살해당해 장맛비가 흘러가는 팔거천에 던져져 금호강 입구 송천 모랫벌에서 시신이 발견되었다.

중달이는 머슴살이하다가 조피골 매부 홍서방이 십장(什長)으로 도남동 못 수리 공사에 일하고 귀가하는데, 친구 백만이가 끌고 가는 쌀가마에 배고픔에 포원(抱冤)이 진 쌀밥을 생쌀로 채우다가 뱃속에 쌀이 불어나서 배가 터지고 말았다. 하마비가 보이는 늪지대에서 자신이 만들고 있던 논바닥에서 죽고 말았다.

죽음이란 또 다른 인식론(Ontology)

사실 문학작품에 대해서 지명을 연구한다는 건 일반적인 해설집을 내기 위함보다 대부분은 문학지리학(文學地理學, literary geography) 혹은 심상지리학(心狀地理學, Imaginative geography)에서 취급하고 있다. 문학지리학은 작품 속에 나오는 공간 혹은 장소가 실제 내용에서 관계 혹은 형상되는가를 탐구한다. 심상지리학은 작품 속의 지리·공간이 독자의 심상에서 그려지는 지리를 기하학적으로 혹은 인지론상의 지리를 분석하고 연구한다.

『객사』소설은 2002년 개정판을 찍어냄에 따라 초판과 개정(재판)을 비교·연구하는 것도 하나의 과제가 되고 있다. 특히 죽었던 등장인물을 다시 살려내서 삶의 의미를 부여해 묘사한다는 건 중국 병법 '36계'에 '차시환혼(借屍還魂)'이라는 전략이 있지만, 소설 작법에 실제 이용했다. 즉 대달이와 중달이를 되살려 내었다. 죽은 시신을 빌려서 영혼을 불어넣는다는 차원을 넘어서 아예 죽이지 않고 향교마에서 옹기종기 살아가는 모습으로 그렸다. 이를 통해서 '삶이란 어디서 왔는가? 죽음이란 어디로 가는가(生從何處來, 死向何處去)?'를 새삼 생각하게 한다. 조선 시대 많은 몽자소설(夢字小說)처럼 "삶이란 구름 한 조각이 생겨남이고, 죽음이란 한 조각 구름이 사라지는 것에 불과하다(生也一片浮雲起, 死也一片浮雲滅)."라는 의미만은 아니다.

 적어도 삶이란 지리적 공간, 삶이란 영역, 인간의 능력이란 위상에서 움직임을 보여주는 위상궤적(位相軌迹)이다. 바로 서산대사(西山大師, 1520~1604)의 '선가귀감(禪家鑑)'에 나오는 선시(禪詩)에서 "눈 덮인 들판 가운데를 걷는다면, 반드시 난잡하게 걷지를 말라. 오늘 내가 걸어간 발자국들이 뒤따라 오는 사람의 길이 된다는 게다(踏雪野中去 不須胡亂行 今日我行蹟 遂作後人程)."라는 뜻을 품고 있다.

참고 자료

지방어(방언) 풀이

(한국방언연구소장 신승원[80] 박사 제공)

하리따이호칭
On the road of Hanji waterfront
Hanoi, April 3, 2002

가시나: 『객사』 상권 45면, [표준어] 계집아이, [예문] 요놈의 가시나가 버르장머리라곤 하나도 없다.

가찹다: 상 306면, [표준어] 가깝다. [예문] 그대는 시방보다 더 가찹게 안 지냈는교? [변화] 갓갑다 > 갖합다 > 가찹다(칠곡어), 갓갑다 > 가싸다 > 가깝다(중부방언)

각중에: 상 20면, [표준어] 갑자기, [예문] 이 사람이 각중에 버버리가 됐나, 와 말이 없제? 하 164면, [예문] 너무 각중의 일이 돼서 어리둥절하데이.

꼬라지: 상 98면, 상 227면, [표준어] 꼬락서니(꼴의 비어). [예문] 그 사는 꼬라지도 보고, 별 꼬라지 다 보겠네.

남(넘)사시럽다: 상 131면, [표준어] 남우세스럽다, [예문] 그 꼬라지로는 참으로 남(넘)사시럽다.

넘사(우)시럽다: 상 308면, [표준어] 남우세스럽다. [예문] 넘사시럽지도 안 하나? 그렇게 했다가는 남사스럽기 딱이다.

넘짓거리다: 상 308면, [표준어] 없음, 들락날락하다와 유사함. [예문] 와 니는 씰 데 없이 각시방에 자꼬 넘짓거리제(왜 너는 쓸데없이 각시방에 자꾸 들락날락하제?)?

누부: 상 79면, [표준어] 누나, [예문] 누부야, 오늘 점심으로 국시 삶아 줘라.

달구지: 상 66면, [표준어] 다리, [예문] 씰 데 없이 주절거리다가 또 달구지 뿔라진데이.

달구지(달구락지): 하 44면, [표준어] 다리(脚), [예문] 내가 우째 달구지를 뻗고 자겠노. 니놈 달구락지 거둬라.

댁지(딱지): 상 21면, 상 195면, [설명] 잘못한 사람을 나무랄 때 쓰는 말, [예문] 댁지, 못난 사람 같으이, 대지 이놈!

댕기다: 상 217면, 하 184면, [표준어] 다니다. [예문] 밤길에 마구 댕기다가 넘어진데이.

댕기오다: 상 79면, [표준어] 다녀오다. [예문] 싸게 댕기오나!

된숨: 상 51면, [낱말 뜻] 매우 어렵게 쉬는 숨.

뒤지기: 하 95면, [표준어] 뒈지다의 파생명사, 뒈지기(죽기), [예문] 굶어서 뒤지기보다야 백부 낫지요? [변화] 뒤지기 > 뒤지기

마: 상 227면, [표준어] 그냥(부사), [예문] 내사 마 아깝아 죽겠

더라. 열받지만 마~ 고만하자.

매나: 하 80면, [표준어] 역시, [예문] 딴 거는 안 하고 매나 어물전을 열까 싶어선데~.

밍적거리다: 상 263면, [표준어] 미적거리다. 신사 기공이 차일피일 밍적거려지는 까닭이~ 뭔데이?

바리: 하 161면, [표준어] 마리, [예문] 소 두 바리면 넉넉하겠제? 바리바리 싣고 왔으나 사는 꼴이 이게 뭐냐?

백지: 상 74면, 상 233면, 하 141면, [표준어] 괜히, 공연히, [어원] 백주에(白晝에) > 백줴 > 백제 > 백지(대낮에 느닷없이)

밴대질: 하 23면, [낱말 뜻] 오늘날 용어로 레스비언(lesbian), 가위 치기(scissoring) 등으로 변태 성행위, [표준어] 밴디즘(tribandism), "과수댁끼리 밴대질을 시작하고부터 그게 사실이거나 한 듯 그녀는 지칠 줄 모르고 남정네들 사이를 쏘다녔다(하권, 23면)."

버그러지다: 하 172면, [낱말 뜻] 서로의 사이가 벌어지거나 나빠지다. [예문] 삼사 년간의 병적인 사모가 한순간 태조에 의해 간단하게 버그러지고 말 그걸 두고 뭘 온갖 추태를 다 부렸나.

버르장머리: 상 45면, [표준어] '버릇'의 비어. [유사어] 인정머리 등

보틀: 상 271면, [낱말 뜻] 변소에 걸쳐놓은 나무틀. 표준어는 없음. [예문] 보틀을 타고 앉아 변을 보면서 무엇이 쓰였을까

를 생각하였다.

비칠거리다: 하 223면, [표준어] 비실거리다., [예문] 인달이 비칠거리는 걸음새로 조합을 빠져나왔다.

사당질: 상 24면, 상 223면, [표준어] 서방질, 화냥질, [예문] 암만 천박하게 살아도 사당질은 안 했심더.

상그랍다: 상 317면, [표준어] 사납다, [예문] 문중 사람들이 상그랍다는 소문인데 까딱하다가는 피를 보네.

서답: 상 225면, [표준어] 빨래. [예문] 바보 며느리가 밥솥에다가 서답을 한테 삶았는데, 쌀밥이 벌거져 수수밥으로 알랐데이.

시꼴나다: 하 14면, [표준어] 없음, [예문] 늘 죽는 소리만 해대던 시꼴난 형편이 어떻게 달라져 있나를 보기 위해~(보잘 것 없다, 시시하다)의 뜻

시시각끔: 상 153면, [표준어] 제각각, [예문] 시시각끔 그 꼴 보이고자 나랑 결혼했나?

아이구메야: 하 99면, [표준어] 아이고머니(감)+야(감), 예) 아이구메야 놀라와라, 그래서? [변화] 아이구머니야 > 아이구머이야 > 아이구메야

오래비: 상 45면, [표준어] 오빠, [예문] 가시나가 오래비 욕을 여사로 하는 버르장머리는 어데서 배웠노?

웡캉: 상권 17면, [예문] 웡캉 게으른 사람이 돼서(워낙~), 하권, 222면, [예문] 내 웡캉 바빠서 처갓집에 자주 못 가서 처제 보기가 미안하구마.

잡년짓: 상 23면, [표준어] 서방질, 화냥질, [예문] 언제 잡년 짓을 했십니꺼예?

조당수: 상 223면, [낱말 뜻] 좁쌀을 물에 불린 다음 갈아서 묽게 쑨 음식.

종내기: 상 189면, 상 204면, [표준어] 정확한 용어가 없으나, 대략 머슴애, 남자아이의 낮춤말. '종질하는 내기'의 뜻(정석호, 『경북 동남부 방언사전』) [예문] 고지기 종내기들 땜문에, 저 눔도 한 종내기다. 잡아직이라얏! 네 놈이 한 종내기 하는구나!

짜드라: 상 272면, [표준어] 많이, 유별나게, [예문] 지내가는 발소리지 누굴까 봐 짜드라 겁을 내노?

쪼갱이: 하 143면, [표준어] 조각 혹은 쪽, [예문] 조피골이 두 쪼갱이가 날라카나? 대가리가 두 쪼갱이로 난다고 해도 날 할 꺼다.

쪼매: 상 307면, [표준어] 조금, [예문] 세월을 오래 살아 보이 쪼매를 알 거 같두마.

철뚝같다: 상 294면, [표준어] 철석같다. [예문] 천망대에서 니를 도와줄라카는 약정을 철뚝같이 했다면서?

티방: 상 45면, [표준어] 퉁(퉁명스런 핀잔), [예문] 엄마도 참, 우리끼린데 와 티방이고(서보월 외, 2019, 『경북 북부 지역 방언 사전』 참고)

파이다: 상 77면, [표준어] 나쁘다. [예문] 그간 영 파이다. 그 아가씨 맘씨가 아주 파이다.

퍼떡: 상 23면, 하 93면, 하 215면, [표준어] 어서, 빨리, [예문] 퍼떡 말하라이?

풋바심하다: 상 51면, [낱말 뜻] 채 일기 전의 벼나 보리를 미리 베어 떨거나 훑다.

한심천만이다: 하 69면, [표준어] 없음, [예문] 긴 목을 빼고 기다리던 분이를 놓치고 나서는 곰보 재보도 기어차지 못하고 어정거리는지 한심천만이라고 깊은 한숨을 크게 쉬었다. '한심천만(당권 쟁탈과 정쟁에만 몰두해 있는 한심천만 여당 정치인들)', '한심천만하다(순달이의 모습을 그저 보고만

있노라니 마음이 저리고 한심천만하고 원망의 마음이 들었다.)'가 일반인들의 카톡에 쓰이고 있음.

참고 문헌(인용 문서)

1) 漆谷府邑誌, 形勝, 七峰山: "在架山七峰山作谷爲邑基址故號曰漆谷云"
2) 대구광역시·택민국학연구원, 『대구지명유래총람 자연부락을 중심으로』, 2009, 437면: "봉서(鳳棲)는 학정동의 자연부락이다. 학정동의 뒷산이 비봉산이기 때문에 이 산 앞에 있는 마을을 비봉산에서 그 마을 이름을 따서 봉소(鳳巢) 혹은 봉서(鳳栖 혹은 鳳棲)라고 했다."
3) 新增東國輿地勝覽, 星州牧, 八莒縣: "鵲院在八莒縣南十里"
4) 新增東國輿地勝覽, 星州牧, 形勝: "山川秀異(鄭麟趾記), 聯疊嶂長川平楚(李崇仁 夢松樓記), 居一道之中, 地在要衝(申叔舟記)."
5) 大邱府邑誌: "客館在府北額名達城館."

6) 별세연도에 대해서 이태원 문학관이나 칠곡초등학교 기념비 가족 내역문에서 이태원의 몰년은 2009년으로 기록되어 있으나 친동생 이기원 씨에 문의 결과 2008년으로 확인되고 있다. 호적등본의 사망신고 등 공부상에는 2009년으로 되어 있다.
7) 라디오 프로그램이나 디스코텍 따위에서 가벼운 이야깃거리와 함께 녹음한 음악을 들려주는 사람.
8) 정천흥팔(井川興八, ikawa kohachi, いがわ こはち, 생몰년도 미상): 1915년경 개척 농민으로 '엘도라도 조선(エルドラド朝鮮)'을 찾아서 칠곡(국우동) 거주, 주업은 과수원과 고리대금업을 하면서 지역 동태, 정보, 및 사업 등을 챙기면서 일제 기관과의 고문역도 담당했던 인물임. 칠곡에 관련해 i) 1920~1930년대에 농경지 수리 시설(도남수리못, 실재론 1943년 이후), ii) 반포천(팔거천) 하천정비공사(河川整備工事, 궁성더미에서 직선화), iii) 지역 문화재 조사(구암동 절골 무수석불(無首石佛)을 향교에 옮겨놓았음▷경북대 야외박물관으로 이관), iv) 비로실과 대천에 사과나무를 식재 지원, v) 고리채 압류 사건으로는 김상길(金相吉 1934~2021, 관음동 柳正俊과 동갑) 씨의 부친에게 고리채를 갚지 않는다고 3명의 경북고등학교진학 입학금을 압류했고, 소 밀도살(密屠殺)을 했다고 밀고사건 등이 있었음.

한편, 김상길와 동갑내기 유정준(1934생) 선생의 말씀은 "정천흥팔이가 활동할 시기는 태어나지도 않았음."이라고 함. vi) 이외에도 부인사 석조당간지주에 관한 일화도 있음. 감안할 사례로는 수성못을 조성했던 미스사키 린타로(水岐林太郎, 1868~1939)가 1915년 개척농민으로 도현해(渡玄海)하여 수성못 인근에서 화훼업 성공한 돈 12,000원(오늘날 200억 원)을 투자하여 1924년 수성못을 조성하여 1927년에 완공하였으며, 1939년 12월에 세상을 떠나 일본에 고향 기후시(岐阜市)에 묻혔다가 2017년 그의 유언에 따라 수성못이 보이는 곳으로 손자 미즈사키 코조(水崎弘三, 1936년)가 이장했음.

9) 黃蘖: "迥脫塵勞事非常, 緊把繩頭做一場, 是一番寒徹骨, 爭得梅花撲鼻香."

10) 孟子, 告子章句下: "…. 故天將降大任于是人也, 必先苦其心志, 勞其筋骨, 餓其体膚, 空乏其身, 行拂亂其所爲, 所以動心忍性, 曾益其所不能. 人恒過, 然后能改, 困于心, 衡于慮, 而后作, 征于色, 發于聲, 而后喩. 入則无法家拂士, 出則无敵國外患者, 國恒亡. 然后知生于憂患而死于安樂也."

11) 이재완, 전매청에 근무해 퇴직 후에 서민 금융인 무진회사(유한회사)를 건립·운영해 이태원의 소설공모 현상금까지

투입해 오다가 실패하여 이산가족에 촉매가 되었음.

12) 이태원의 가족을 자세히 살펴보면, 아버지 경주 이씨 이재완(李在完)은 1916년 7월 26일에 태어나서 대구전매청에서 근무하시고 정년을 마치시고, 1998년 12월 1일 타계하셨으며, 어머니는 김해 김씨 김복쇠(金福釗)로 1920년 5월 26일에 출생하여 1993년 10월 24일 세상을 떠났다. 4남 3여를 둔 행복한 가정이었다. 아들로는 첫째가 이태원(李台元)으로 1942년 3월 12일생으로 소설 객사를 집필한 작가로 2009년 3월 8일 67세 별세했다. 둘째는 이수원(李洙元)으로, 1946년생, 셋째 이경원(李慶元)은 1948년생, 넷째 아들은 이기원(李其元)은 1956년생이다. 딸로는 맏딸은 이순희(李順熙)로 1952년생, 둘째 딸은 이정희(李貞熙)로 1953년생이며, 막내딸은 이연희(李蓮熙)는 1956년생이다. 그리고 이태원(李台元)은 1951년 11월 29일에 출생한 박숙행(朴淑杏)과 결혼하여 남매를 슬하에 두고 있었으며 2009년 3월 8일 별세했다(칠곡초등학교 남측 교정에 있는 이태원의 가족기에서 발췌하였음.).

13) 新增東國輿地勝覽, 星州牧: "八莒縣, 在州東七十二里, 本新羅八居縣一云仁里. 景德王改名八里, 屬壽昌郡. 高麗復稱八居, 後居轉而爲莒. 顯宗時來屬別號七谷."

14) 경북대학교 주보돈 교수의 주장에 이정웅 팔거역사문화연

구회 전 회장, 배석운 전 회장 등이 있음.
15) 漆谷誌: "文忠公柳成龍壬辰亂往來觀陣."
16) 李以鼎, 李壽珏, 漆谷誌, 古跡篇: "陣場: 在府內西南諸麓下, 萬曆癸巳明兵收復. 三都遞察使其班倭敵尙屯海陬. 故摠兵劉綎以萬餘兵留陣於此至己亥. 施罷摠兵謂設陣制勝. 可爲天下最云體察使之住箚是州監司之設營大丘皆爲供億天兵也."
17) 洪元燮(1744~沒年未詳), 太湖集(第三卷, 1840): "在泰之東北, 出中西門有架巖. 巖形如累器之圓. 而扁者數十枚爲一束. 衆束連跗. 上覆盤陀. 缺其南爲罅. 直通巖底. 下臨若無地. 從巖傍圓束離立之隙可入. 令張樂於其中. 坐巖上聽之噌. 吰然, 所處旣高. 眺矚遼濶. 莒縣巖是架. 莒縣屬漆谷府. 有架巖山城. 徐城樹似屛."
18) 李道長, 洛村文集卷一, 八莒縣請勿屬大丘府疏爲縣民作
19) 낙촌(洛村) 이도장(李道長, 1603~1644, 貫鄕 光州)은 주서(注書)로 병자호란 당시 남한산성에서 들어가서 국난을 겪었으며, 1937년 검열(檢閱)로 인조에게 상소문 "팔거현에는 옛 읍치지(邑治址, 임진왜란 경상감영)가 있어 도호부가 필요함…"이라는 필요성을 제기했음.
20) 남한산성 인화관(人和館): 인화관은 남한산성의 대표적인

읍치 시설, 인화관은 행궁의 객사 건물로 인조 2년(1624)에 목사 유림이 건립, 건물의 전체 규모는 68칸, 후에 목사 이태연 편액을 걸어서 인화(人和)라고 하였으며, 문정공 송시열(宋時烈)의 『인화관기(人和館記)』가 있음. 인화관은 행궁의 객사이므로 다른 일반 객사보다 위계가 높았다. 국왕이 직접 거주하는 도성엔 객사가 없었지만 읍성에는 객사가 위치했으며, 남한산성은 행궁과 객사가 각각 동서 간선으로 정점에 위치하여 읍성의 종합적인 구조를 완성했음.

21) 漆谷府邑誌(1899), 樓亭題詠: "養浩樓在虎峰精舍, 風下樓在泗陽書院, 莒城館客舍."

22) 노영구(국방대학교) 및 김진수(육군본부), 임진왜란 시기 명군(明軍)의 대구(大邱) 팔거현(八莒縣) 주둔과 지역 변화(The Ming Troops Stationed in Palgeo(八莒) Area, Daegu during the Imjin War and Regional Changes), 2020, 한국사연구회, 한국사연구, vol., no. 191, pp.257-286(30pages): "초록: 임진왜란 발발 이듬해인 1593년⋯. 총병 劉綎의 지휘하의 대규모 명군이 주둔하였다. 임진왜란 당시 명군 1만여 명이 주둔하였던 팔거 지역은 단순히 군 주둔지로서의 성격만을 가진 것은 아니었다. 전쟁 전반기 명군의 조선 파병과 경상도 일대 주둔은 불과 1년여에 불과했지만, 조선 조정이 명나라 군진에 필요한 대규모 군

량과 물자를 마련하기 위한 움직임과 함께 생계가 어려웠던 많은 조선인이 명나라 군진에 투탁하거나 명군의 새로운 무예나 전술을 익히기 위해 다수의 조선군이 군진에서 함께 지내기도 하는 등 명군의 주둔과 경상감영의 설치, 조선 백성들의 집결 등으로 인해 성주의 속현에 불과했던 팔거 지역은 전쟁 이전에 비해 면모가 일신되었다."

23) 安曇, 朴美月花樣女鬼: "朴美月花樣女鬼, 看著媽媽的大屁股在我的衝擊下泛起了一陣陣的肉. 在衆目睽睽之下. 少奶奶以觀音坐蓮姿勢被軍官淫辱, 少奶奶羞得想要掙脫, 但哪裡…."

24) [시선] 200년 전, 칠곡 도호부 읍내동으로 옮겨오다. 대구 북구, 대구 칠곡, 칠곡 역사, 칠곡천년, 행복북구문화재단 (hbcf.or.kr/front), 2019. 11. 27.: "칠곡 도호부 객사는 '거성관'으로 불리었으며, 읍내에서 중앙부에 위치하는 옥녀봉을 배경으로 위치하고 있다. 현재 칠곡 성당 자리인 읍내동 579번지 일원으로 추정된다. 칠곡 도호부의 동헌인 제오헌(制五軒)과 내아…."

25) 이정웅, 칠곡도호부 관아 구성과 기능, 『칠곡도호부행록집』, 팔거역사문화연구회, 2018. 12. 18., p. 280: "객관(客館) 객사(客舍)라고도 한다. 임금을 상징하는 전패와 궁궐을 상징하는 궐패를 모시고 있는 건물이다. 초하루와 보름

에 북쪽에 있는 왕을 향해 절을 하면서 충성을 다짐하고, 스스로 몸가짐을 바로잡아 왕의 은덕이 만백성에게 고루 미치도록 선정을 베풀겠다고 다짐하는 곳이다. 또한, 공무를 수행하기 위해 다니는 관리들의 숙소로도 쓰였고, 거리를 측정하는 기준점이 되기도 했다. 거성관(城館)이라는 현판을 걸었다. 일제강점기 객사 고지기 일가를 통해 민초들의 끈질긴 저항 정신을 잘 그려 낸 소설가 이태원의 작품 『객사』의 무대이기도 하다. 현재 칠곡성당 일대에 있었다."

26) 漆谷府邑誌(1899), 樓亭題詠: "養浩樓在虎峰精舍, 風下樓在泗陽書院, 莒城館客舍."

27) 杜甫, 曲江二首: "一片花飛減却春, 風飄萬點正愁人, 且看欲盡花經眼, 莫厭傷多酒入脣, 江上小堂巢翡翠, 苑邊高塚臥麒麟, 細推物理須行樂, 何用浮名絆此身. 朝回日日典春衣, 每日江頭盡醉歸, 點水蜻蜓款款飛, 傳語風光共流轉."

28) 新增東國輿地勝覽, 星州牧: "高平驛在八莒縣西五里."

29) 갑오개혁(1895년) 다음 해에 전국적으로 역참제를 폐지함으로써 고평 역참에 찰방(察訪) 역임하신 분은 현재 관음동 474-1번지 즉 선린복지관 앞 목욕탕 주인이며, 관음동 구의원으로 2회 사회도시위원장 역임하신 임종만(林鐘萬, 1952년생) 씨의 조부였음.

30) 국우동, 동명 유래, 국우동 행정복지센터(buk.daegu.kr): "반포천에서 흐르는 물이 들을 적시어 국가의 살림을 넉넉하게 한다는 의미에서 부르게 되었다고 합니다. 한편으로는 국우동의 옛 이름이 '구우리'라 불렸는데 그 뜻은 이곳에 아홉 마을이 있어서 '구우리'라 불렀다고도 합니다."

31) 고려 팔거현으로 승격되면서 지역 토착 세력을 형성하고 있던 부족장을 수령으로 임명하고 세력 가문이 관아 역할을 했으며, 팔거현 관아가 국우동에 있었다고 주장하는 향토사학자로 배석운 팔거역사문화연구회 전 회장 등이 있음.

32) 釋月性(1817~1856), 月性和尙, 日本 山口縣 月性遺品展示館 刻碑, 將東遊題壁: "男兒立志出鄕關, 學若不成死不還, 埋骨何期墳墓地, 人間到處有靑山."

33) 『대구 북구 마을지』, 팔거문화연구회, 2019, p.343: "반포(反哺)란 말은 '까마귀 새끼가 자란 뒤에 늙은 어미에게 먹을 것을 물어다 준다.'라는 뜻으로 부모의 은혜를 갚음을 비유하여 이르는 말이다."

34) 위의 책에서, p.342: "도남지는 도남동 일원 10만6천600㎡에 축조되었다. 일본강점기인 1941년 12월 25일 시작하여 1944년 3월 31일에 완공하였다. 당시는 길이가 길다고 '긴걸(長川)'이라고 도남지가 생기고 두 마을로 동강이 났다."

35) 수석불법채취, 연경동 도덕산 '만신창이', 매일신문, 2009. 5. 4.

36) 崔鉉達(1867~1942), 爬道德峰, "遊道德山, 道德山何屹. 欽名更謂然, 知從平地起. 望與碧霄連, 積潤光晴. 凝堅壽永年, 寄言登覽者, 努力道德嶺.", 『대구 북구 마을지』, 팔거역사문화연구회, 2019. 312면
37) 김병업(부면장) 씨 조부 묘역으로 1989년 이장했음
38) 이정웅, 『칠곡 도호부 행록집』, 팔거역사문화연구회, 2018. 281면: "동헌에 제오헌이라는 현판을 걸었으며, 북쪽은 봉서루라고 했다."
39) 칠곡군청 홈페이지(chilgok.go.kr) 지명유래, 동명면, 봉암리: "쌀을 씻으면 살뜨물이 이 마을까지 떠내려왔는데 그물이 보얗다고 해서 보얀리라고 부르게 되었다. 또 뒷산에 부엉바우가 있으므로 부엉바우·봉암이라고 했으며, 옛 이름은 유목정이라고도 했는데 버드나무가 많은 마을이어서 불린 이름이라고 힌다. 새마을외관 앞 큰길을 따라 북쪽을 웃뜸, 남쪽을 아래뜸이라 한다."
40) 팔거역사문화연구회, 『대구 북구 마을지』, 2019. 12. 20. p.237: "마을 뒷산 모양이 해오라기가 날개를 펼치고 날아가는 모양이라는 데서 얻은 지명이라는 말도 있었다. 또 물이 귀하여 농사가 잘되지 않아 가난한 사람이 많아 빌어먹고 산다고 해서 비로실, 비리실이라고 불렸다는 설도 있지만, 근거가 부족하다. 부정적인 의기를 기반으로 동네 이름

41) 『상게서』, 2019. 12. 20., p.145: "(2002년 칠곡문화원 발간) 칠곡지(漆谷誌) 방리편(坊里篇)에서 문주방 소라곡(所羅谷)을 소래 또는 솔래, 솔랫골로 부르다가 한자로 …. 일본강점기 초기에 만들어진 지도에도 소라(所羅, tokorora)는 사라지고 송천으로 표기한 것을 사례로 든다."

42) 정재용, 『빙이화(하)』, 한솜미디어, 2009년 2월 14일 p.109: "사람들은 소나무 우거진 산과 맑은 개천(八莒川)을 지칭해 송천마을(所來室)이라고 했으며, 주변의 다른 부락마을 합쳐 매천동(梅川洞)이라고 했다."

43) 『상게서』, p.159: "우리는 대한 건아 겨레의 일꾼, 배우고 갈고 닦아 나라 빛내세, 가난을 물리치고 소득 올려서 국가의 동량되고 반석이 되자. 배움의 학도들아 다 함께 모여. 주경야독 실천하여 진군하라. 우리말 우리 글을 배우고 익혀. 소래실 학교 기상 만세 부르자."

44) 팔거역사문화연구회, 『대구 북구 마을지』, 2019. 12. 20. p.252: "솔밭마을: 솔밭은 지금 해원정사 맞은 편에 일부 남이 있다. 관음사의 삼존불이 이곳에서 수년간 머물렀다."

45) 관음사가 있었던 소래곡(蘇萊谷), 솔랫골 혹은 새낙골(新落谷)이라고도 했으며, 오늘의 해원정사 부근에 신락지(新落池)가 지금도 있고, 앞으로 중앙고속도로가 나왔음.

46) 崔致遠, 新羅壽昌郡護國城八角燈樓記: "氣高者志望偏高, 心正者神交必正乃, 以龍年羊月庚申夜夢. 於達佛城北摩頂溪寺. 都一大像坐蓮花座峻極, 於天左面有保處菩薩, 高亦如之. 南行御溪滸, 見一女子因訊晬容所以然. 優婆夷答曰是處是聖地也. 又見城南佛山上有七彌勒像累體踏肩面北以立其高珪空…."

47) 이승수, 『燕行路上의 공간 탐색, 鳳凰山城: 安市城說과 관련하여』, 한국학중앙연구원, 2006, vol. 29, no. 2, pp.367-388(22 pages)

48) 봉황, 나무위키: "순우리말로는 아시, 안시, 아시새라고 한다. 『화음방언자의해』는 신라어로 봉황을 아시새, 『무오연행록』은 봉황의 옛 방언으로 안시, 『열하일기』에서는 고구려에서 큰 새를 안시(安市)라 불렀다 하고, 조선의 방언으로 봉황을 황새라 부른다고 적혀 있다. 황새는 황소의 황과 같이 한이 변한 것이며 큰 새란 뜻이다. 예로 신라의 관등인 대나마(大奈麻)를 한나마(韓奈麻)로 쓰기도 했다. 대(大)의 훈으로 한(韓)을 쓴 것이다."

49) 팔거역사문화연구회, 『대구 북구 마을지』, 2019. 12. 20., p.291: "칠곡향교 대성전 뒤쪽 산봉우리, 명봉산의 남쪽의 봉우리, 향교부근의 봉우리를 옥녀봉이며, 옥녀봉이란 지명은 여러 곳에 있다. 봉우리 정상에 동쪽을 내려다보면 향교

는 커다란 책상으로 보였고, 동쪽으로 팔거천 건너 팔거들이 한눈에 들어온다."

50) 오영철, 칠곡야산 붕괴, KBS 텔레비전, 1998. 12. 28., 12:00 뉴스: "5m 정도 폭의 진흙이 내려앉음으로써 야산이 붕괴, 원인에 대해서 암반을 덮고 있는 점토층이 빗물에 토락 사고가 발생, 경북대 지질학과 김교원 교수는 흔한 지각변동으로 보고, 서울시립대학교 토목공학과 이수곤 교수는 퇴적층의 쐐기를 임시도로를 냄으로써 제거하여 무너졌음."

51) 李以鼎(1789~1844), 漆谷誌(邑誌), 1832, 形勝篇: "玉女峰 在校後, 與獨母城, 前後相對峰 巒峭拔奇秀, 爲府址主案."

52) 이정웅, 「대구 칠곡 이야기」, 「팔달동(대구시 북구)이야기」, 「나무 이야기 꽃 이야기」(ljw1674.tistory.com), 2019. 7. 30.: "옛날 팔달진(八達津, 팔달나루)을 통해 보부상 등에 의한 물산이 집결되고 상거래가 활발하여 장시(場市)가 형성되었다고 하여 장태실이라 했다는 설과 조선 시대 평양, 강경과 더불어 우리나라 3대 시장의 하나로 불리던 큰 장, 즉 서문시장으로 가는 길목에 있는 마을이라 하여 장터실, 즉 장터마을이 장태실이 되었다는 설이 있다. 성주 배씨들이 오래전에 들어와 집성촌을 이루었다. 뽕나무를 심어 누에를 기르고 삼을 재배하여 삼베를 생산하는 농가

53) 팔거역사문화연구회, 『대구 북구 마을지』, 2019. 12. 20. p.182

54) 이기원(李基元, 1956년생), 『이태원의 소설 객사와 고향 칠곡에 대한 회상』, 행복북구재단, 함지(연2회 발간지) 제1호, 2020. 9. 8. pp.97~98, 2001년 5월 예술인 100여 명이 모여, 경기도 안성시에 달팽이학교(대안학교) 설립, 교장으로 취임. 현재 시인으로 활동함.

55) 投子義靑, 偈頌: "古嵓苔閑冷侵扉, 飛者驚危走者迷, 夜深寒爇汀州火, 失曉漁家忙自疑."

56) 성주목 팔거현 경상감영시대는 1593년 10월부터 1596년 2년 9개월이었으며, 1593년 10월에 경상좌우도를 합쳐 경상관찰사 한효순(韓孝純, 1543~1621)이 부임하였다가 1595년 2월 27일에 다시 좌우도로 분리되었으며, 경상좌도 관찰사로 홍이상(洪履祥, 1549~1615)이 부임해서 1596년 6월에 다시 경상도로 합치면서 대구부(달성공원)으로 감영을 이전했음.

57) 점토(이암), 화산재와 같은 세립질퇴적물(細粒質堆積物, shale)이 광역변성작용을 받아서 만들어진 변성암, 광물에 따라 초록색, 검정색, 누런색 등을 띰. 평면적인 조각으로 잘 갈라지고 슬레이트(돈너와), 돌 불판(구들장, 고기 불판),

벼룻돌 따위를 만드는 데 쓰임.

58) 유정준(柳正俊, 1934년생), 대구시 북구 읍내동 873-2에서 태어나 줄곧 살아왔으며, 1970년대 칠곡3동 통장을 역임하였기에 지역 향토사에서는 대가임.

59) 한영기(韓榮基, 1949년생), 대구시 관음동 거주, 칠곡 읍내동에서 태어나서 줄곧 생활했음. 칠곡읍사무소 근무와 대구시 도시계획과 등에서 근무하고 정년퇴임하였음.

60) 칠곡(漆谷)이란 한자표기를 놓고, 七谷, 柒谷, 漆谷, 剌谷, 桼谷 등으로 표기하고 있는데 칠곡천년기념비에서는 柒谷으로 표기하고 있어, 옻나무 골짜기(桼谷), 칠(漆) 혹은 검정색(옻) 칠이란 칠곡(漆谷)로 표기보다 지역주민의 뜻을 모은 칠곡천년기념비에 나오는 "물(水), 7개(七) 그리고 나무(木)가 조화를 이루는 '럭키 세븐(칠)'을 사용하자는 김형일 박사님은 칠곡향교(柒谷鄕校) 명칭부터 고치자는 주장을 하고 있음.

61) 팔거역사문화연구회, 『대구 북구 마을지』, 2019. 12. 20., p.283: "칠곡향교는 1398(인조20)년에 설립된 것으로 추정되며, 명륜당, 동무, 서무, 외삼문, 내삼문, 홍살문은 1642년에 중건되었다. 2013년 현대식 건물로 영현당이 증축되었으며, 전학후묘(前學後廟)식 구조로 건축되어 있다."

62) 칠곡향교대성전(漆谷鄕校大成殿), 문화재청 국가문화유

산포탈(heritage.go.kr): 지정(등록)일 1982. 3. 4., 소재지: 대구 북구 칠곡중앙대로 597 (읍내동) …. 조선 태조 7년 (1398)에 세운 것으로 전한다. 대성전은 17세기 초에 세운 것으로 1907년에 크게 보수하였다."

63) 論語, 雍也章: "知者樂水, 仁者樂山. 知者動, 仁者靜. 知者樂, 仁者壽."

64) 주보돈(朱甫暾, 1953년 2월 2일)은 경상남도 창원군 진해읍(現 창원시 진해구)에서 중등교사로 근무하던 아버지 주일능(朱一能)과 어머니 밀양 박씨 박복수(朴福守) 사이의 3남 2녀 중 차남으로 태어났다. 이후 경북대학교 인문대학 사학과를 졸업하고 1979년 경북대학교 대학원 사학과에서 석사, 1995년 계명대학교 대학원 역사학과에서 박사학위를 받았다. 석사를 졸업하고 1983년 12월 경북대학교 사학과 교수로 부임하여 2018년 2월에 정년 퇴임했다. 경북대학교 인문대학 학장, 교수회의장, 박물관장 등을 역임하였다.

65) 莒國, 中國歷史上春秋戰國時代的一個諸侯國, 國君爲己姓, 源自軒轅黃帝, 爲少昊之後, 屬東夷之國. 建國於前1046年, 建國君主是茲輿期. 公元前431年爲楚所滅, 但是莒國的全境後來爲齊國佔領.《漢書·地理志》 記載則說莒傳 「三十世爲楚所滅」. 前284年燕將樂毅聯合五國攻齊, 佔領齊國大部, 其後齊國憑藉堅守莒, 即墨二城反攻而复國.

66) 新增東國輿地勝覽, 星州牧: "在縣東距州七十八里, 石築周二千四百二十三尺. 今頹落內有泉二池一."

67) 이기원, 『이태원의 소설 『객사』와 고향 칠곡에 대한 회상』, 행복북구재단, 함지(연2회 발간지) 제1호, 2020. 9. 8. pp.98~99.

68) 李以鼎(1789~1844), 漆谷誌, 1832, 林藪篇: "八莒古者南自琴湖江岸, 北至胎峯前, 皆植楊柳長林弊日. 壬辰亂後廢不復."

69) 귀갑문을 두고 고인돌의 성혈(性穴) 표시로 하마비 안내문에 설치되어 있고, 배석운 님은 하마비 설치 시에 받침돌로 성혈이 있는 돌을 사용했다고 하며, 한영기 님은 "말 타고 다니는 벼슬하는 아들을 낳아 달라고 기복했던 치성혈(致誠穴)이다."라고 주장하고 있음.

70) 고인돌로 주장하시는 분은 북구의회의원 김상선, 팔거역사문화연구회 전 회장 배석운, 향교전교 김정립 등이 있다. 이에 반하여 치성 흔적으로 보고 있는 분은 팔거역사문화연구회 전 이사 한영기 님 등이 있음.

71) 대구광역시/택민국학연구원, 『대구 지명 유래 총람』, 2009, 435면: "… 학익산(鶴翼山)과 정지(亭池)를 합쳐서

…."

72) 『전개서』, pp.97~98
73) 이정웅, 「대구 이야기 나무 이야기」(ljw1674.tistory.com), 함지산의 유래, 2011. 5. 22.: "… 도남동 출신 임진왜란 때 의병으로 창의한 우헌 전민련(全敏蓮, 1546~1615)은 유교사상의 인의예지 가운데 가장 먼저 인을 찾는 관인산(觀仁山)이라고 불렀다. 또한 정구(鄭逑) 선생 14세손 뇌헌(磊軒) 정종호(鄭鐘鎬, 1875~1954)가 작성한 '정선전공우헌거옹양선생제단비(旌善全公愚軒莒翁兩先生祭壇碑)'에 "임진년 난리를 만나자 꿈을 깨보니 가을바람 매섭고 야밤에 금호강이 시끄럽구나. 눈을 들어 거대한 산천을 보고 해와 달을 향해 마음속에 맹세하노라. 라고 하면서 곡식 창고를 열고 가축을 풀어 군량을 충당하면서 수백 명의 장정을 모아 관인산(觀仁山)에 진을 쳤다."라고 적혀 있다.

74) 위와 같은(이정웅) 사이트: "… 다소 생소한 이 이름이 등장한 배경은 1832년(순조 32)에 간행된 『칠곡지(漆谷誌)』 고적(古蹟), 팔거산성 조에 '칠곡부 남쪽 5리에 있는 퇴천방에 위치하고 있다. 흙을 쌓았는데 둘레가 2,423척이고, 샘이 두 개, 못이 하나 있었으나 무너져 황폐된 지 오래되었다. 세상에서는 독모성(獨母城)이라 일컫는다.'라는 기록으

로 보아 독모성에서 독모산이 된 것 같다."

75) 申櫶(1810~1884), 琴堂初稿(筆寫本): "… 天帝命下使仙, 密湧上於琴湖水, 其仙以琴星惚, 一瞬失方桶索, 掉落得倒覆耶, 以之爲山象方桶, 其名曰咸池山, 俗名象水椀, 因方桶伊, 或曰方地 …."

76) 정재용: 대구(大邱) 태생, 영남대학교 국어국문학과(1974년)를 졸업하고, 동대학원 경영학과를 졸업하였다(경영학 석사, 경영학 박사). 중·고교 교사를 역임하고 경북대, 영남대, 계명대 등에서 10여 년 경영학을 강의했으며 선물, 옵션 전문 컨설턴트로도 활동했다. 대학 시절, 단편소설 「달아 달아 밝은 달아」, 「망(網)」 등을 교지에 발표했다. 계간지 『풍자문학』을 통해 등단하여 「애수」, 「재회(장편소설)」 등의 소설을 발표했으며, 경영학원론(공저), 인사조직론(공저), e-Leadership론(역서) 등 저서가 있음.

77) 정재용, 『빙이화(하)』, 한솜미디어, 2009년 2월 14일, p.108:"함지산(函芝山)에 걸린 태양이 길거 여운을 부렸다…. 금호강변에 옹기종기 모인 아낙들이 빨래를 하면서 두드리는 방망이 소리가 일제강점기 교련교관이 부는 호각소리 같았다."

78) 전민연, 『칠곡향교지』, 칠곡향교, 2020. 475면

79) 이정웅, 「대구 이야기」, 함지산 유래(ljw1674.tistory.

com), 2011. 5. 22.: 관인산(觀仁山)은 정구(鄭逑)선생의 14대손 뇌헌(磊軒) 정종호(鄭鐘鎬, 1875~1954)가 쓴 <정선전공우헌거옹양선생제단비(旌善全公愚軒莒翁兩先生祭壇碑)> 즉 정선전씨 우헌 전민련과 그의 아들 거옹 전사헌(全士憲, 1565~1618)의 제단비문 우헌 편에 나온다. "임진년 난리를 만나자 '꿈을 깨보니 가을바람 매섭고 야밤에 금호강이 시끄럽구나 / 눈을 들어 거대한 산천을 보고 해와 달을 향해 마음속에 맹세하노라.'라고 하면서 곡식 창고를 열고 가축을 풀어 군량을 충당하면서 수백 명의 장정을 모아 '관인산(觀仁山)'에 진을 쳤다. 이에 서애(西厓) 류성룡(柳成龍)이 진지를 둘러보고 '천시도 좋고 지리도 좋고, 인화도 모두 (咸) 지극(지(至)하오. 마땅히 함지진(咸至陣)이라 고쳐야겠소. 내가 조달해야 할 군사를 줄여주시고 충성을 다하여 나라에 보답해 주시오 ….'라고 했다 …."라고 비문에 나온다.

80) 영남대 국어국문학과 교수와 국사편찬위원회 위원을 역임하신 신승원 한국방언연구소 소장, '새콤달콤 우리 방언' 강의 등으로 유명함.

이태원의 『객사』 길을 가다

펴 낸 날 2023년 7월 11일

지 은 이	이정웅, 한영기, 신동환, 이대영
펴 낸 이	이기성
편집팀장	이윤숙
기획편집	윤가영, 이지희, 서해주
표지디자인	이윤숙
책임마케팅	강보현, 김성욱
펴 낸 곳	도서출판 생각나눔
출판등록	제 2018-000288호
주 소	경기도 고양시 덕양구 청초로 66 덕은리버워크 B동 1708호, 1709호
전 화	02-325-5100
팩 스	02-325-5101
홈페이지	www.생각나눔.kr
이 메 일	bookmain@think-book.com

• 책값은 표지 뒷면에 표기되어있습니다.
 ISBN 979-11-7048-577-3(00800)

Copyright ⓒ 2023 by 이정웅, 한영기, 신동환, 이대영, All rights reserved.
 ·이 책은 저작권법에 따라 보호받는 저작물이므로 무단전재와 복제를 금지합니다.
 ·잘못된 책은 구입하신 곳에서 바꾸어 드립니다.